「言葉の仕組み」と「助詞の使い方」がわかれば

きっちり！恥ずかしくない！文章が書ける

前田安正

朝日文庫

本書は 2013 年 5 月、すばる舎より刊行されたものを
加筆・修正しました。

　文法を意識しながら文を書く人は、まずいない。文法が分からなくても文は書けるし、たとえ文法が分かっていたとしても、それだけで名文が書けるわけでもない。

　そもそも、言葉は文法より先に成立していた。その言葉を整理・分類したものが文法なのだ。だから日常生活で、文法を意識する場面はほとんどない。文法はせいぜい外国語を学ぶための手段としてしか認識されない。そのせいか、僕たちは日本語文法より英文法の方が詳しかったりする。

　僕は新聞社の校閲という部署に身を置いて30年ほどになる。校閲という仕事は、記者が書いた原稿をすべて確認することにある。限られた時間の中で、用字・用語を始め、原稿にあるデータを可能な限り確認していく。アメリカの政府が発表したものなら、ホワイトハウスのホームページを参照するし、中国関連の原稿ならインターネットで中国紙にあたったりもする。こうした情報の確認作業は、時間さえあればかなり正確に把握できる。

　しかし、用字・用語については一筋縄ではいかない。なぜこの使い方が間違いなのかを説明する段になると、文法で明解に説明することが難しいのだ。僕の知識不足もあるし、説明しても書き手がそれに応じない場合もある。書き手の感覚

や言語環境にも大きく左右されるからだ。さらに言うと、1分、1秒を争う新聞の制作現場で「てにをは」などの細かな違いに時間をかける余裕がないという現実もある。それでも、原稿を読んでいてもう少し分かりやすくならないかな、と思うことがある。

　2012年秋からカルチャーセンターで文章講座を受け持つことになった。受講生から「うまく書けない」という声をよく耳にした。うまく書く第一歩は、読み手に「誤解を与えないこと」と「分かりやすく書くこと」。つまり「読み手のために、正確に書くこと」だと、僕は思っている。本書の目的もそこにおいた。

　第1章では文の構造を理解するため、主語・述語・目的語の役割について説明した。第2章ではどうすれば分かりやすく、読み手に伝わる正確な文が書けるかを考えた。第3章では日本語の特徴である助詞について、その働きを解説した。そして、第4章で間違えやすい日本語について考察した。巻末には文章を書き進めるためのヒントを載せた。

　解説では「なぜそうすべきなのか」について、簡単な文法的説明をつけたいと考えた。ある程度、納得できる説明が欲しいと思ったからだ。とはいえ、本書は文法書ではないので、説明の中には文法の定義から外れる部分もあるだろうし、僕自身の勝手な解釈が含まれているものもある。その点については、お許しいただきたいと思う。

本書が「うまく文章を書きたい」と思う人にとって、第一
歩を踏み出すための手助けになればと願っている。

　　　　　　　　　　　　　2013年春　前田安正

装丁・本文デザイン　　江口修平（EGG-TEA ROOM）
本文イラスト　　　　　江口修平

目　次

はじめに

コラム　取材するということ

第3章　「てにをは」を正しく使って書こう

コラム　書き出しに困った場合

第4章　日本語の正しい書き方を覚える

コラム 平仮名と漢字の使い分け

巻　末

おわりに
文庫版　おわりに

「言葉の仕組み」と
「助詞の使い方」がわかれば

きっちり!
恥ずかしくない!
文章が書ける

第 1 章

言葉や文を
正しく対応させる

主語が二つ以上の述語を
持たないように

　一つの文にいくつもの内容を盛り込むと、主語と
述語が入り交じり文意が通らなくなることがあります。「一つの主語に述語は一つ」を意識しましょう。

例 1　　人生で大切なことは、自分自身でなし遂げたい
と思うことが**見つかるかどうか**で、たくさんの本
を読むことは**重要だ**。

　係助詞「は」は文全体の主語を表し、直近の述語
だけでなく、遠い述語にも影響します。そのため、
「人生で大切なこと」という主語が「見つかるかど
うか」と「重要だ」の両方の述語を持ち得るのです。
それでは「たくさんの本を読むこと」というもう一
つの主語が浮いてしまい、文意が通りません。

　ポイントは「見つかるかどうかで」の接続助詞「で」
にあります。「で」が、「人生で大切なこと」と「た
くさんの本を読むこと」という二つの要素をつなぐ
役目になっているからです。文の要素を二つに分け

ましょう。

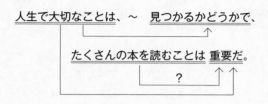

....

改善例 人生で大切なことは、自分自身でなし遂げたい
と思うことが**見つかるかどうか**だ。そのために、
たくさんの本を読むことは**重要**だ。

➡ 〈改善例〉は文を二つの要素に分け、それぞれの主
語と述語が一致するようにしました。

....

例2 　公園で子どもたちが遊んでいる。そこに大きな
犬がやってきて、子どもたちにじゃれ始めた。一
人の男の子が倒されて犬に押さえつけられた。思
わず「あっ」と声を上げた。**しかしその男の子は、**
顔をペロペロなめられて笑っている姿にホッとし
た。

➡️ 「しかしその男の子は、顔をペロペロなめられて笑っている姿にホッとした」には、二つの要素があります。

①顔をペロペロなめられて笑っている。
②笑っている姿にホッとした。

①の主語は「男の子」、②は「私（筆者）」です。

その<u>男の子</u>は、顔をペロペロなめられて<u>笑っている</u>姿に

(<u>私は</u>)　　　<u>ホッとした。</u>
　　　　？　　　↑　↑

ポイントは係助詞「は」です。「は」は、遠くの

18

述語に掛かる性質があります。そのため「男の子」が、「笑っている」と「ホッとした」の両方の主語になり得るのです。この文では「ホッとした」の主語「私（筆者）」を明示しないと、文意が通りません。

....

改善例 公園で子どもたちが遊んでいる。そこに大きな犬がやってきて、子どもたちにじゃれ始めた。一人の男の子が倒されて犬に押さえつけられた。思わず「あっ」と声を上げた。**しかしその男の子は、顔をペロペロなめられて笑っている。**私はそれを見てホッとした。

〈改善例〉は、二つの要素を切り分けて、主語をはっきりさせました。「笑っている＝男の子」「ホッとした＝私」という構図を明確にしました。

POINT

●主語が二つ以上の述語を持つ場合は、文を二つに分けよう。

主語を並べすぎてはいけない

主語が変わらないのに何度も繰り返すと、文が煩雑になるだけでなく、幼く感じます。同じ主語が続くなら、誤解がない範囲で整理しましょう。

例 ハッとして、**僕は**目を覚ました。**僕は**体中から汗が噴き出ていた。**僕は**悪い夢を見ていたようなのだが、**僕は**その夢を思い出せない。**僕は**ベッドから起き上がり、窓を開けて新鮮な空気を部屋に取り込んだ。

改善例 ハッとして、**僕は**目を覚ました。体中から汗が噴き出ていた。悪い夢を見ていたようなのだが、その夢を思い出せない。**僕は**ベッドから起き上がり、窓を開けて新鮮な空気を部屋に取り込んだ。

➡ 原則として、一つの文には主語と述語が必要です。しかし、日本語に必ずしも主語が必要ないことは、

皆さんも経験上ご存じだと思います。

〈例〉を参考に、どういう場合に主語を略すことができるのかを見てみましょう。

　一文ずつ述語部分を書き出してみます。

① （僕は）ハッとして、目を覚ました。
② （僕は）体中から汗が噴き出ていた。
③ （僕は）悪い夢を見ていたようなのだが、その夢を思い出せない。
④ （僕は）ベッドから起き上がり、窓を開けて新鮮な空気を部屋に取り込んだ。

　①の「ハッとして、目を覚ました」の主語「僕」は、②の事実上の主語であり、③の主語にもなっています。「悪夢を見た僕の状況」を、一連の流れの中で捉えることができます。

また、ここには「僕」以外の人物は登場しません。このように、主語に紛れがない場合には、最初の文に主語を明記すれば、その後の文には必要ありません。

　短い文が続く場合には、むしろ主語を省略する方が読みやすくなります。〈改善例〉では②③の主語を省きました。

　主語が共通している点では④も同じです。しかし、この主語は省略しませんでした。

　①～③は、いずれも「ベッドの中」の出来事です。ところが、④はベッドから出て「窓を開ける」という、別の行動に移っているからです。

　場面・局面が変わった場合、改めて主語を明記した方が読者はイメージしやすくなります。④に主語を明示するのとしないのとでは、明確さが違ってきます。

POINT

●必要以上に主語を書くと、文全体が読みにくくなります。読み手のことも考えて、不必要な主語は省略しよう。

述語をしっかり対応させる

主語と述語がかみ合わない場合があります。また、主語や述語が二つ以上の言葉を受ける場合は、すべてがかみ合うようにしなくてはなりません。

例　このバッターは選球眼がいい<u>ので</u>三振とフォアボールを<u>よく選び</u>、**打率と本塁打が多い**バッター<u>だ</u>。

➡　〈例〉に挙げた文は野球の話です。野球のルールが分からない人には難しいかもしれませんが、じっくり見てみましょう。

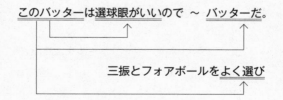

「このバッターは……バッターだ」という構造で、主語と述語が同じ「バッター」になっています。

　さらにこのバッターは「選球眼がいい」「三振とフォアボールをよく選び」と書いてあるため、ここにも主語・述語の関係ができています。一つの主語に述語が三つあることになります。

　次に「三振とフォアボールをよく選び」の部分を見ると、「〜をよく選び」が「三振」と「フォアボール」の両方を受けています。

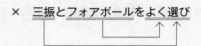

「フォアボール」になると一塁に進めます。しかし、「三振」になるとアウトです。ですから「フォアボールを選ぶ」ことはあっても、自ら進んで「三振を選ぶ」ことはありません。むしろ野球においては、三振は「少ない」にこしたことはありません。

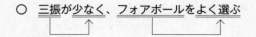

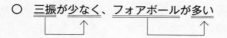

○　三振が<u>少</u>なく、<u>フォアボール</u>が<u>多い</u>

「打率と本塁打が多い」も「打率」と「本塁打」を「多い」で受けています。しかし、打率は「安打数÷打数」で計算される一種の確率なので「多い」「少ない」ではなく、「高い」「低い」で受けるのが自然です。また打率が高いからといって、本塁打が多いわけではありません。そこも分けて書くべきでしょう。

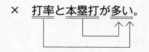

×　<u>打率</u>と<u>本塁打</u>が<u>多い</u>。

○　<u>打率</u>が<u>高く</u>、加えて<u>本塁打</u>も<u>多い</u>。

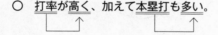

改善例　このバッターは選球眼がいい。だから三振が<u>少</u>なく、<u>フォアボール</u>もよく選ぶ（<u>も多い</u>）。<u>打率</u>も<u>高く</u>、加えて<u>本塁打</u>も<u>多い</u>。

ポイントは「このバッターは選球眼がいいので」の接続助詞「ので」にあります。「選球眼がいい」という要素と、それに付随する要素をつないでいるからです。これらを分けて書きましょう。

　〈改善例〉は、「このバッターは選球眼がいい」を一つの文として独立させ、その後に理由を説明する形にしました。

　「三振が少ない」「フォアボールもよく選ぶ（も多い）」「打率が高い」「本塁打が多い」と、それぞれにふさわしい述語に対応させました。

....

類 例 彼女は**仕事と料理が上手だ**。彼も<u>家事が得意な</u>
<u>優しい性格</u>だ。

　　　周りからは、お似合いの夫婦だと評判だ。

彼女は**てきぱき仕事をし、料理も上手だ**。彼も
<u>家事が得意で、優しい性格</u>だ。

　　　周りからは、お似合いの夫婦だと評判だ。

「仕事と料理が上手だ」は「仕事」と「上手だ」が
対応していません。また、「家事が得意な優しい性格」
という部分も「家事が得意」「優しい性格」という
要素を分けて書きましょう。

POINT

●主語と述語、目的語と述語がしっかり対応しているか、
気をつけて書こう。

目的語と述語の整合性をとる

「○○で〜する」という文の場合、場所や手段を表す「○○で」が、目的語の「〜を」に置き換わって、述語との整合性がとれない場合があります。「何をどうするのか」を明確にする必要があります。

例　娘は**ご飯を**、息子は**プールを**習っています。最近、妻も**車を**習い始めました。

改善例1　娘は**料理を**、息子は**水泳を**習っています。最近、妻も**車の免許を**取りに行っています。

改善例2　娘は**料理教室に**、息子は**水泳教室に**通っています。最近、妻も**自動車教習所に**通い始めました。

〈改善例1〉は習い事の内容で、〈改善例2〉は習い事の場所で書き分けたものです。それぞれにふさわ

しい書き方を工夫しましょう。「ご飯を習う」「プールを習う」「車を習う」。これらは会話であれば、話の前後の状況から理解されるかもしれません。しかし文にする場合は、読者に誤解されないように分かりやすくすることが重要です。

〈例〉に挙げた文では、「ご飯」「プール」「車」について、何を習っているのかが書き表せていません。習い事の内容をはっきり示しましょう。

「ご飯を食べる」といえば「食事をとる」という慣用表現です。しかし、「ご飯を習う」は「料理を習う」という慣用表現にはなっていません。この場合、「料理を習う」「料理教室に通う」などとしなければ、読み手には伝わりません。

「プールに行って水泳を習う」ことを略して「プールを習う」とは言いません。
「プールを習う」では、プールの何を習うのだろうと、疑問を持ちます。この場合「水泳を習う」「水泳教室に通う」と、すべきです。

同様に「車を習う」ということは「車の運転を習う」、すなわち「車の免許を取る」ということです。

「車を習い始めた」は、「車の免許を取りに行く」
とするか「自動車教習所に通い始めた」という形に
まとめます。

POINT

● 「何をどうするのか」を明確にして、分かりやすい文
　章を書くように心がけよう。

述語にかかる品詞をそろえる

事柄をいくつか並べて一つの述語に結び付ける場合、その述語に合う形に品詞をそろえなければなりません。

例1 　学生時代は、<u>クラブ活動の円滑な運営</u>と、<u>楽しい人間関係をつくるよう</u>**努力した**。

➡ 　この文は「クラブ活動の円滑な運営」と「楽しい人間関係をつくる」という二つの内容を並列して、「努力した」という述語で受ける形になっています。

　　クラブ活動の円滑な運営 ───┐
　　　　　　と　　　　　　　　├→ 努力した。
　　楽しい人間関係をつくるよう ─┘

　二つの内容が「努力した」につながるよう、品詞をそろえなければなりません。

··

改善例　学生時代は、クラブ活動の円滑な運営と良好な人間関係づくりに**努力した**。

➡ 〈改善例〉では、「楽しい人間関係」を「良好な人間関係」としました。また、「楽しい人間関係をつくるよう」を「良好な人間関係づくり」と名詞の形にしました。これで、「クラブ活動の円滑な運営」と「良好な人間関係づくり」の品詞がそろい、ともに「努力した」という述語につなげることができます。

．．．．．．．．．．．．．．．．．．．．．．．．．．．．．．．．．．．．．

例2　医師はインフルエンザの予防には、栄養のバランスを考えた**食事をとり**、適度な**運動**と十分な**睡眠**が**必要だ**と言った。

➡ この文章の構造は、「医師は『インフルエンザの予防には、〇〇が必要だ』と言った」となっています。〇〇の部分に医師が言った内容を並べて、「必要だ」という述語で受けています。

　そのため、「努力が必要だ」「勇気が必要だ」というように、〇〇の部分は「必要だ」につながる形にそろえなければいけません。

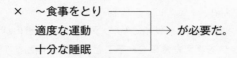

×　～食事をとり ─────┐
　　適度な運動 ─────┼──→ が必要だ。
　　十分な睡眠 ─────┘

　〈例2〉では「食事をとり」、「運動」、「睡眠」が必要だとなっています。「運動が必要だ」「睡眠が必要だ」は文意が通りますが、「食事をとり」は「とる」という動詞を使っているため、そのまま「必要だ」につなげることができません。

改善例1　医師はインフルエンザの予防には、栄養のバランスを考えた<u>食事</u>、適度な<u>運動</u>、十分な<u>睡眠</u>が**必要だ**と言った。

改善例2 医師はインフルエンザの予防には、栄養のバランスを考えた食事をとること、適度な運動をすること、十分な睡眠をとることが**必要だ**と言った。

➡ 〈改善例1〉では「栄養のバランスを考えた食事」というふうに名詞化しました。〈改善例2〉では、「～すること」という具合に書き換えて、名詞化しました。

POINT

●複数の言葉が同じ述語にかかる場合、「名詞、名詞→述語」のように、言葉の品詞を合わせるようにしよう。

言葉を整理する

読者は文を読みながら情景をイメージしていきます。同様の言葉を連ねるとそれが余計な情報となって、読者は情景を描きにくくなります。丁寧に書くことは必要です。しかし無駄な言葉は極力省くようにしましょう。

例　　仕事の帰りに僕は**コンビニ**に寄った。雨が降っていたので**入店前**に傘を傘立てに置き、**店内**でコーヒーとサンドイッチを買って、**出店した**。
　　この間の時間、わずか10分程度かかった。**店を出る**と傘が傘立てになかった。

→ 　短い文章の中に「コンビニ」「入店前」「店内」「出店した」「店を出る」と、同様の言葉が五つ出てきます。

　また、「店を出ること」を「出店」と書いています。「出店」は通常「店を出すこと」「店を構えること」です。ここでは適切な使い方とは言えません。

三つめの文の「この間**の時間**」も言葉が重複しています。「この間」は、コンビニに入ってから出るまでを指します。時間経過を表していることは明らかです。「の時間」は不要でしょう。

　また「雨が降っていた**ので**入店前に……」の「ので」は原因などを表す接続助詞です。接続助詞で文をつなぐと、全体が冗長な感じになりスピード感が出ません。

　こうした接続助詞は、ほとんどの場合省いても文意が通ります。これも整理したいところです。

改善例 　<u>雨の日の仕事帰り</u>、僕は**コンビニ**に寄った。**入り口**の傘立てに傘を置き、コーヒーとサンドイッチを買った。**店を出る**と傘がなくなっていた。その間わずか10分ほどのことだった。

〈改善例〉では、雨が降っていることを仕事帰りの情景として「雨の日の仕事帰り」という具合にまとめました。こうすれば接続助詞「ので」を使わずにすみます。最初の文でコンビニに寄ったことは明らかなので、後は事実を短くまとめました。

　最後に、傘がなくなったのが、目を離したわずかな時間だったという驚きで締めくくりました。

POINT

●無駄な言葉は、文のリズムを崩します。言葉を整理して、簡潔な文を書こう。

助動詞「れる」「られる」を どう使うか

助動詞「れる」「られる」には、受け身、尊敬、可能など様々な意味があります。主体をあいまいにする場合もあります。場面に合った使い方を覚えましょう。

例1 先生は食事を全部**食べられた**。

改善例1 ・先生は食事を全部**お食べになった**。
・先生は食事を全部**召し上がった**。

改善例2 先生は食事を全部**食べることができた**。

➡ 「食べられた」という形をとった表現には、〈改善例1〉のように先生に対する「尊敬」と、〈改善例2〉のように「可能」などの意味があります。

前後の文脈で推測できる場合もあるでしょうが、

〈例1〉のようなあいまいな表現は避けるべきです。

　尊敬表現、可能表現は誤解のないよう、はっきりと書き分けましょう。

....

　受け身表現には、主体をあいまいにする効果があります。

　・昨年1月に<u>完成したとされる</u>この絵は、間違いなく彼の代表作となる。

「〜したとされる」という書き方は伝聞の形を取っていて、どこか腰が引けたような印象があります。

　昨年1月に完成したようだが真偽のほどは分からない、というふうにも読めます。新聞記事などで、情報を断定的に書けない場合に使われる手法です。

　私たちが日常書く文では、主体をはっきり示すように書く工夫をすべきです。

....

例2　ワインの新酒「ボージョレ・ヌーボー」が11月の第3木曜日に<u>解禁され、販売される</u>。

....

改善例　ワインの新酒「ボージョレ・ヌーボー」が11月の第3木曜日に<u>解禁</u>となり、**デパート**などで<u>販売される</u>。

➡ 〈例2〉では「解禁され、販売される」と、受け身の形が二つ続いています。どこで販売するのか、といったことがはっきりしません。大まかな状況を伝える場合には、こうした書き方でもいいと思います。

　しかし、〈改善例〉のようにすると、あいまいさが消え「どこで売られるのか」といった疑問がなくなり情報が明確になります。

　受け身の表現は、できるだけ主体をはっきり明示して使うようにしましょう。

　　・先生から「忘れずに予習と復習をするように」と<u>注意された</u>。

「注意された」のは、この文にはない「私」です。しかし、「私たち」あるいは「不特定多数」が注意されたのなら、「**私たち**は注意された」「**彼ら**は注意された」などと主体を明らかにしなくてはなりません。

受け身表現を使う場合は、読み手に誤解されない工夫をしましょう。

POINT

●受け身表現で書く場合、主体がはっきり分かるような
　文になっているか、チェックしよう。

主な受け身表現の特徴

> 受け身表現（受動態）には、能動態にはない特徴があります。これを上手に生かして文章の中に織り込んでいくと、筆者の意図をより効果的に読者に伝えることができます。

解説 1　掃除をさぼったので、<u>僕</u>は先生に**しかられた**。

➔　受け身表現には、主語を逆転させて筆者の視点を変える効果があります。

能動態では

掃除をさぼったので、先生は僕を**しかった**。

となります。

能動態の主語は「先生」なので、先生からの視点で書かれています。受け身にすることで主語が「先生」から「僕」に逆転し、視点を「僕」に変える効果が出てきます。

これによって、先生にしかられた「僕」の心理表現をこの後の文につなげることができます。

....

解説2　昨今の健康ブームで様々な<u>サプリメント</u>が**売られている。**

主体をぼかし情報を一般化する効果があります。
能動態では

　　昨今の健康ブームで、<u>薬品会社が</u>様々な<u>サプリメント</u>を**売っている。**

となります。
　能動態にすると、文の要素にサプリメントを売っている「主体＝薬品会社」が、必要になります。しかしこの場合、「誰が売っているか」という情報より「売られている」という状況に重きが置かれます。
　受け身にした方が、社会全体の状況を大きく把握するという筆者の意図が明確になります。

....

解説3　原発の事故を機に、安全な<u>エネルギー政策が</u>

求められている。

主体をぼかして客観表現にする効果があります。
能動態では

　　国民は（私は）原発事故を機に、安全な<u>エネル</u>
<u>ギー政策</u>を**求めている。**

となります。
　能動態にすると、「安全なエネルギー政策」を求め
ている主体が「国民（私たち）」なのか「私＝筆
者自身」なのかをはっきりさせなくてはなりません。
　しかし受け身にすると、暗黙の了解として「国民
（私たち）」が主体となります。
　筆者自身の個人的意見ではない客観表現、あるい
は「私」の意見を「私たち」に広げる表現になって
います。これは、新聞や論文などによく見られる書
き方です。

⋯⋯⋯⋯⋯⋯⋯⋯⋯⋯⋯⋯⋯⋯⋯⋯⋯⋯⋯⋯⋯⋯⋯⋯⋯⋯⋯⋯⋯⋯⋯

解説 4 とっておいたお菓子を<u>弟に</u>**食べられた。**

被害者感覚を表現する効果があります。

能動態では

弟は（私が）とっておいたお菓子を食べた。

となります。

能動態では、必ずしも「私」の「被害者感覚」や「事件性」は表現されません。

ところが「食べられた」と受け身の形にすることで、「そのお菓子を食べることが楽しみだった」ので「大事にとっておいた」という期待感が裏切られる表現になります。それによって、お菓子を食べた弟に対する「私」の「被害意識」が出てくる構図になっています。

もっとも、「とっておいたお菓子を**弟が**食べた」とすると、能動態でも被害者感覚が出てきます。

POINT

●受け身表現の特徴をうまく使えば、書き手の意図が読み手に伝わりやすくなります。

感情を表現するコツ

　日記は読まれることを想定していません。「ああ、ダメだ」「今日は楽しかったなあ」と書いても、何がダメなのか、何が楽しかったのかは、書いた本人さえ分かっていればいいのです。

　読まれることを念頭においたものには、大きく分けて2タイプあります。一つはエッセイや小説、詩、作文、戯曲など情緒や感情を表現する「芸術文」と言えるものです。もう一つは論文やビジネス文書、リポートなど、理性的に書く「実用文」です。

　エッセイなどの芸術文を書く場合、日記のように「ああ、ダメだ」「今日は楽しかったなあ」と書きっぱなしにはできません。読み手は「**なぜ**ダメなのか」「**何が**楽しかったのか」が知りたいのです。そして書き手も本来、そこを書きたいはずなのです。ところが、往々にして「なぜ」「何が」の部分を飛ばしがちになります。

きょうは、朝から気分がいいので、庭に出て花の水やりをした。

　この文を読んでも「気分がいい」理由が分かりません。次に「気分がいいので」と「庭に出て花の水やりをした」ことのつながりも、いまひとつ漠然としています。このままでは書き手の気持ちを、読み手の想像に丸投げすることになります。これでは、書き手の意思を確実に読み手に伝えることができません。

　「もう朝ですよ」。カーテン越しに射し込む春の日差しが、私のまぶたを優しくノックする。窓越しに見える庭の草花も風にそよぎ「こっちにおいで」と、手を振っているようだ。
　私はベッドの中で1回、大きく伸びをした。そしてパジャマのまま庭に出て、花に水やりをした。「おはよう」のあいさつ代わりだ。

　「気分がいい」という言葉は使っていません。それでも状況を一つ一つ書いていくことで、書き手の気

持ちは、伝わるはずです。感情を伝える文章は、書き手が感じた状況を書くことにあるのです。「嬉しい」「悲しい」などの形容詞をいくら使っても、読み手の心には響きません。

　ビジネス文書など実用文は、感情を伝えるものではありません。論理的に分かりやすい文章が求められます。

「懸念した」「〜とみられる」などといった普段使い慣れていない言葉や、あいまいな表現を使いがちです。間違った情報を伝えないようにという配慮が、かえって文を複雑にすることもあります。また、エッセイなどで使うような比喩は、極力避けるべきです。読み手によって受け取り方が変わるからです。誰が読んでも分かりやすく、誤解を与えない文章が、実用文の基本です。

第2章

分かりやすく、
読みやすい文章の特徴

書き出しに前置きを書かない

　何からどう書き出せばいいのか、迷うことがあります。ついつい、主題（テーマ）の解説を書いてみたり、文を書くにあたっての心構えを書いてしまったりします。こうした前置きを書くことで筆者は安心しますが、かえって読者は筆者の自信のなさを感じてしまいます。

例 1

　冬というと、まず雪が降り積もる情景を思い出す。雪に関する一番昔の記憶は、30年以上前の小学校１年生のときのことだ。父の転勤で移り住んだ北海道の小学校では、冬の授業の一環として、**スキーを担いで近くのスキー場まで遠足に出かける**。雪に足をとられながら、重いスキーを担いでいくのだ。

改善例

　父の転勤で移り住んだ北海道の小学校では、冬の授業の一環として**スキー遠足に出かける**。雪に

足をとられながら、重いスキーを担いで近くのスキー場まで歩いていくのだ。<u>もう30年以上前、小学校1年生のときの話だ。</u>

〈例1〉では、冒頭に「冬というと、まず雪が降り積もる情景を思い出す」と書いています。

その後にすぐ「雪に関する一番昔の記憶は……」と同じような内容を続けています。冬の情景を書いていくのに、「情景を思い出す」という冒頭の一文は言わずもがなです。

雪が降り積もる情景を、具体的に書き始めた方が、読み手はスッとイメージできます。

〈改善例〉では、父の転勤で移り住んだ北海道では、

スキー遠足があるという情報を最初に提示しました。「スキー遠足」という言葉を知らない読者も、その意外性に引き込まれます。

　雪に足をとられながら、子どもがスキーを担いでいる姿がなんとも可愛らしく思えます。それが30年以上前の小学校１年生のことである、とつなげることで、その次にどういうドラマが展開されるのだろうと読者は期待します。

　書くということは読んでもらうことです。読者にイメージを喚起させ、ドラマ（文章の展開）への期待を持たせることが重要です。そのためには、書きたい、伝えたい内容をできるだけ前の方に出すように心がけましょう。

例2　**梅にはたくさんの思い出があります。**

　小さな梅の鉢植えを買い求めたのは、娘が生まれた日のことでした。

　枝には紅白の花が一輪ずつ、ふるえるように咲いていました。

改善例　　小さな梅の鉢植えを買い求めたのは、娘が生まれた日のことでした。

　　枝には紅白の花が一輪ずつ、ふるえるように咲いていました。

　　最初の一文を省いて、梅の鉢植えを買った日の情景から書き始めました。

　　コンパクトに事実を重ねて書く方が読みやすく、説得力のある文になります。書きたいテーマの輪郭をはっきり描く工夫をしましょう。

POINT

●無駄な前置きは、読み手を飽きさせる原因になります。コンパクトに書くことで、文全体が読みやすくなります。

関係性を分かりやすく

> 　登場人物が多くなると、それぞれの関係性が分かりづらくなる場合があります。独り善がりな文にならないように気をつけましょう。

例　　家族ぐるみでお付き合いをしている友人夫婦がいる。彼は高校の国語教師で、わが夫の大学の同級生でもあり、**彼女**は私の幼なじみであり良き友である。

　先日、友人夫婦と一緒にハイキングに行こうと計画を立てた。しかし、**彼の奥さん**は足を捻挫してしまった。そこで私は**京子さん**のために、ハイキングではなくドライブにしようと計画を立て直した。

　読者は頭の中で人物を思い浮かべながら読んでいきます。

　そのため、例文のように「私の幼なじみ」を「彼女」「彼の奥さん」「京子さん」と、登場するたびに異な

る書き方をすると、読者は頭の中で人物を追い切れません。

　この場合、友人夫婦の呼称を「彼」「彼女」にそろえて書いた方が、読者に親切です。

　また、「友人夫婦と一緒にハイキングに行こうと計画を立てた」は

①友人夫婦とハイキングに行くための**計画を、私が立てた**
②ハイキングに行くために、**友人夫婦と計画を立てた**

と２通りに解釈できます。

① (友人夫婦と一緒に) <u>ハイキングに行こうと</u> <u>計</u>
<u>画を立てた</u>　　　(私が)

② <u>友人夫婦と一緒に</u>(ハイキングに行こうと) <u>計</u>
<u>画を立てた</u>

①の意味なら
　「私は、友人夫婦と一緒にハイキングに行こうと
計画を立てた」
②の意味なら
　「ハイキングに行こうと、友人夫婦と一緒に計画
を立てた」

　という具合に、読点の位置や書き方を工夫すれば
分かりやすくなります。

- -

改善例　　家族ぐるみでお付き合いをしている友人夫婦が
いる。彼は夫の大学時代の同級生で、**彼女**は私の
幼なじみである。
　先日、私は、友人夫婦と一緒にハイキングに行
こうと計画を立てた。しかし、**彼女**は足を捻挫し
てしまった。そこで、ハイキングではなくドライ

ブにしようと計画を立て直した。

 〈改善例〉では、友人夫婦との関係をコンパクトに
まとめました。「彼は高校の国語教師で、わが夫の
大学の同級生でもあり、彼女は私の幼なじみであり
良き友である」を「彼は夫の大学時代の同級生で、
彼女は私の幼なじみである」と情報を絞りました。
「わが夫」という表現は、筆者との関係性を強調す
る以外は「夫」として問題のないところです。

　また、ハイキングのくだりは①の解釈で書き換え
ました。

POINT

●独り善がりな説明は、読者を混乱させる原因になりま
す。関係性がはっきりするような書き方を心がけよう。

文の要素をまとめる

> 　一つの文にたくさんの要素を入れると、内容が交錯して言いたいことが伝わりません。書くべき要素を整理しましょう。

例 1

　ジャズはあまり好きではないので、コンサートに行くつもりは<u>ないが</u>、Jポップが好きなので久々に聴いてみようと思い立った<u>ものの</u>、CDは引っ越し以来、押し入れの奥にしまい込んだままになっ<u>ていて</u>、面倒くさがりの私は聴けないでいる。

➡

① 「ジャズがあまり好きではない」
② 「Jポップが好きなので久々に聴いてみよう」
③ 「CDは押し入れの奥にしまい込んだままだ」
④ 「CDが聴けない」

　〈例〉に挙げた文は、四つの要素が交ざり込んでいます。こうした文の要素を分けて書くようにしましょう。

改善例 　ジャズはあまり好きではないが、Jポップは大好きだ。久々に聴いてみようと思ったが、お気に入りのCDは引っ越し以来、押し入れの奥にしまい込んだままになっている。片付けがはかどらず、いまだにそのCDを聴けないでいる。

→ 　一つの文で言うべきことは、一つにしましょう。書くべき内容が複数あるときは、文を分けて書きましょう。

　また「〜ないが」「〜ものの」「〜なっていて」という、つなぎの言葉を使うと文が長くなり、文意が通りにくくなります。

例2 　この花はとてもきれいなので、家に飾りたいのだけれど、ちょうどいい花瓶をもっていない。

①この花はとてもきれいだ。
②家に飾りたい
③ちょうどいい花瓶をもっていない。

〈例2〉にあげた、わずか40字ほどの文に三つも要素が入っています。これを分けて書けばいいのです。

···

改善例　この花はとてもきれいだ。家に飾りたいと思う。しかし、ちょうどいい花瓶をもっていない。

ぶつ切れの印象があるかもしれません。しかし、文を単純にしていく意識を持つことが、分かりやすい文を作るコツです。

POINT

●一つの文ですべてのことを書こうとすると、意図がぼやけてしまいます。「一つの文には一つの要素」を心がけよう。

言葉が足りず、相手に文意が伝わらない

気持ちが勝ちすぎて、文にそれが反映されないことがよくあります。言葉を少し丁寧に補えば分かりやすくなります。

例 1　朝の東の空、**薄い紫色の雲で地平線に出てくる朝焼け**。夕焼けは西の空、強烈な色彩の地平線に沈む。素晴らしい風景に立ち止まる日々の私。

➡　きれいな朝焼けと夕焼けの情景を描こうとしながら、言葉がうまく結ばれていません。

「薄い紫色の雲で」は「雲が薄い紫色になる」という意味なのでしょうか。また「朝焼けが地平線に出てくる」わけではなく、「地平線に太陽が出てくるときに朝焼けが訪れる」のです。

「夕焼けは西の空、強烈な色彩の地平線に沈む」は「夕焼けは地平線に沈む」と読めるため、文意が通りません。「風景に立ち止まる日々の私」は「の私」が不自然な位置にあります。

朝、東の地平線に太陽が顔を出す。**雲が薄い紫色に染まる。**夕方は西の空に強烈な色彩が広がり、太陽が沈む。私は日々、こんな素晴らしい風景を前に立ち止まる。

例2 **小学校の思い出といえば、書き取りの筆順ばかりが気になる。 毎日居残りしているうち書けるようになった。**

➡ 「小学校の思い出といえば」のような前置きは必要ありません。「書き取りの筆順ばかりが気になる」というのは、何の書き取りなのか、「書き取りの筆順」とは何を言っているのかがはっきりしません。

「毎日居残りして」というのも、何となく漠然としてイメージがしっかり伝わりません。

居残りをして何をしたのか、そしてどうなったのかを書くようにします。

改善例 **小学生のとき、漢字の書き取りが苦手だった。**

特に筆順がうまく覚えられない。放課後、毎日学校に居残って漢字の練習をしていくうちに、次第に漢字の筆順も覚えていった。

●読み手が分かるように、丁寧で具体的な説明を心がけよう。

同じ言葉を何度も使わない

> 　同じ言葉を繰り返し使うと、読者は煩わしさが先に立って、読み進めることが面倒になります。無駄を省いて、文章をすっきりさせる工夫をしましょう。

例 1　　上野は**桜が**満開だった。**桜は**ヒラヒラと花びらを散らし、チョウが舞っているようだった。**桜の木の下で大勢の花見客が桜を楽しんでいた。**

➡　わずか三つの文に、「桜」が4回出てきます。後に出てくるものをできるだけ省略していきましょう。

....

改善例　　上野は**桜が**満開だった。ヒラヒラと花びらを散らし、チョウが舞っているようだった。大勢の花見客がその風情を楽しんでいた。

➡　初出の「桜」だけを残して、すべて削りました。ヒラヒラ舞っているのが桜だということは、文脈か

ら分かります。

　最後の「桜の木の下で」というくだりも削りました。これが「桜の木の上で」だったらトピックになりますが、通常花見は木の下でするものなので、あえて書かなくても分かります。

「桜を楽しんでいた」は、ヒラヒラ舞う花びらの様子も踏まえて「その風情を楽しんでいた」と言い換えました。

　読者は、文を読みながらイメージを作っていきます。そのイメージが途切れないように文を重ねていけば、同じ言葉を多用しなくてもすみます。

⋯⋯⋯⋯⋯⋯⋯⋯⋯⋯⋯⋯⋯⋯⋯⋯⋯⋯⋯⋯⋯⋯⋯⋯⋯⋯⋯⋯⋯

例2　　**彼女**とは一度だけ**話をした**ことがある。**彼女**はまっすぐ僕の目を見て、一生懸命**話**をした。そのとき、**彼女**と何の**話をした**のかは忘れたが、**彼女**の大きな瞳だけは今も覚えている。

➡　三つの文に「彼女」が4回、「話をした」が3回出てきます。

⋯⋯⋯⋯⋯⋯⋯⋯⋯⋯⋯⋯⋯⋯⋯⋯⋯⋯⋯⋯⋯⋯⋯⋯⋯⋯⋯⋯⋯

彼女とは一度だけ話を<u>した</u>ことがある。内容は
忘れたが、まっすぐ僕の目を見て<u>話した</u>ときの、
大きな瞳だけは今も覚えている。

⮕ 「一度だけ話をしたことがある」と書いてあるので、
「何の話をしたのか」と改めて書く必要はありませ
ん。「内容は忘れたが」と続ければ、「話の内容」で
あることは分かります。
　「まっすぐ僕の目を見て話したときの」の「話した」
は省略しませんでした。「まっすぐ僕の目を見たと
きの」とすると、話をしたとき以外の状況のように
も読めるからです。

・・

練習問題 ▶

　次の文を簡潔にしなさい。
　努力することは大事なことだ。一生懸命勉強し
たことで成績が上がった。このことは、頑張れば
できるということが分かったことだ。

〈解答例〉

　努力は大事だ。一生懸命勉強して成績が上がっ た。これで、頑張ればできるということが分かっ た。

　問題文には「こと」が6回出てきます。

「努力する**こと**は大事な**こと**だ」と「〜こと」が並 んでいます。これを「努力は大事だ」としました。

　コンパクトにすることで、印象が強くなります。

「努力することは大事だ」「努力は大事なことだ」と することもできます。しかし、「努力は大事だ」と 言い切った方が言葉に力が出ます。

●コンパクトに書いた文は、読み手に強い印象を与えま す。無駄な言葉は削るようにしましょう。

誤解を招きやすい表現

> 修飾語は、ある語句の意味を詳しく説明する役割を持っています。上手に使うと筆者の意図が明確になります。しかし、修飾語がどこにかかっているのか分からない文は、読者を惑わせてしまいます。

例1 **可愛い** **彼女**の妹は大学生だ。

➡ 「可愛い」が「彼女」を修飾しているのか「妹」を指しているのかがあいまいです。

....

改善例1 **可愛い** **彼女**には、大学生の妹がいる。

➡ 「可愛い」が「彼女」を修飾する場合、「彼女には」の後に読点「、」を打って、「大学生の妹がいる」という構図をはっきりさせます。

改善例2 <u>彼女の</u>、**可愛い** <u>妹</u>は大学生だ。

➡ 「可愛い」が「妹」にかかるのなら、「可愛い」を「妹」の前に置きます。修飾する言葉と修飾される言葉を近づけるようにします。さらに「彼女の」の後に読点「、」を打てば、よりはっきりします。

例2 **ある**<u>楽器</u>を演奏するイギリスの<u>青年</u>と知り合いになった。

➡ 連体詞「ある」は、物事や人、時、場所などを漠然と指すときに使います。この「ある」が「楽器」を指すのか、「青年」にかかるのかがあいまいです。

改善例1 <u>バイオリンを</u>演奏するイギリスの青年と知り合いになった。

➡ 「ある楽器」という漠然とした表現ではなく、「バ

イオリン」や「フルート」など、楽器を明示できる
場合はできるだけ具体的に書きましょう。

....

改善例2 楽器を演奏するイギリスの<u>ある青年</u>と知り合い
になった。

➡ 「青年」にかかる場合は、「ある」を「青年」の前
に置けば、誤解はなくなります。しかし、「ある」
という言葉がなくても、文のニュアンスはほとんど
変わりません。

<u>楽器を演奏するイギリスの青年と知り合いに
なった。</u>

....

あいまいな表現でも、中には常識的な判断で分か
る場合もあります。

解説 ①子どもの先生
②ニワトリのように飛べないダチョウ

➡ ①の場合は「子どもが教わっている先生」という

常識で読み進めることは可能です。

　②も、ニワトリもダチョウも空を飛べないことは共通の知識として持っているので、「ニワトリは上手に空を飛べるが、ダチョウはニワトリのようにうまく飛べない」という解釈にはなりません。

　しかし、誤解を避けるには、「<u>ニワトリと同様に、空を飛べないダチョウ</u>」という書き方をしましょう。

　誤解を避けるためには、修飾する言葉と修飾される言葉を、できるだけ近づけ、具体的に書くようにしましょう。

POINT

●修飾する言葉と修飾される言葉を近づけ、あいまいな表現にならないように心がけよう。

時間の経過を分かりやすく

> 時間軸がぶれると読者は集中力を欠いて、読むの
> がおっくうになります。時間経過を表すには、まず
> 起点をしっかり押さえて書くようにしましょう。

例 母が亡くなった時、私は中学生だった。**数年後、父が他界し、**しばらく経った年の瀬だった。すでに大学生になっていた私のもとに、父と母の共通の友人だという人から手紙が届いた。

....

改善例1 母が亡くなった時、私は中学生だった。**数年後、父が他界した。**その年の瀬のことだった。すでに大学生になっていた私のもとに、父と母の共通の友人だという人から手紙が届いた。

....

改善例2 母が亡くなった時、私は中学生だった。**数年後、父が他界した。**それからさらに年月を経た年の瀬

のことだった。すでに大学生になっていた私のもとに、父と母の共通の友人だという人から手紙が届いた。

〈例〉の中にある「しばらく経った年の瀬」がいつを指すのかが、文章を明確にするポイントとなります。「しばらく経った」のが、その年のうちなのか、それからさらに数年後なのか。2通りの解釈ができるので、あいまいになるのです。

① 「数年後に父が他界」した「その年の」年の瀬
② 「数年後に父が他界」し、さらに「数年を経た」年の瀬

①は、父が他界した年ということになります。

この場合、亡くなった日を起点に、年の瀬までの「数カ月」を「しばらく経った」という言い方で表したことになります。

②は、父が他界してから数年後を指すことになります。この場合の「しばらく経った」は、「数年経った」ことを表しています。

どこを起点に「しばらく経った年の瀬」と書けば
いいのか、読者に誤解を与えないようにしましょう。
　〈改善例1〉は①の解釈で、〈改善例2〉は②の解
釈で書き換えました。

●起点をしっかり示して、時間の経過を明確にしよう。

過去形は必ずしも
過去を表すわけではない

過去は過去形で書くのが一般的です。しかし、過去形を使って現在形を表す場合もあります。

解説 1 　母はかつて学校の先生だった。

➡　過去の事実を表す通常の過去形です。母が現在、学校の先生ではないことが分かります。

···

解説 2 　娘が風邪をひいた。

➡　「風邪をひいた」は過去のことを言っているのではなく、今の状況を言っています。

過去に起こったことが現在も継続している場合、過去形で表現されます。英語の現在完了形に近い働きです。

それでは、風邪をひいたことを過去の事象として書き表すには、どうしたらいいでしょうか。「〜し

ている」という状況を過去形にして「風邪をひいて
いた」とします。

ほかにも、

①１位に**なった**選手には金メダルが授与される。
②国境の長いトンネルを抜けると雪国で**あった**。
　　（川端康成『雪国』）
③壁に**かけた**絵。

の太字部分も過去形ですが、内容は現在あるいは
未来を表しています。

. . . .

解説 3　　シーラカンスは**生きた化石**だ。

太古の姿をとどめたシーラカンスが、生きたまま
発見されたときなどに見かける表現です。これも太
古の姿を今にとどめているという、過去からの継続
を表しています。それで「生きた化石」と過去形で
表現します。

英語で「Living fossil」というため、直訳調の日
本語で「生きている化石」とすることもあります。
しかし「生きた化石」という表現の方が日本語とし

てふさわしいでしょう。英語の文法で日本語を解釈
する必要はありません。

....

解説 4 　A「財布が見つからないんだけど、見かけな
　　　　　かった？」
　　　　B「財布なら、リビングのテーブルにあるよ。
　　　　　ほら」
　　　　A「本当？　あ、あった、あった」

　ものを捜していて見つかったときに「あった、あっ
た」と言っています。これも、現に目の前にあるの
ですから「ある、ある」が正しいことになります。
　しかし、実際にはそういう言い方はしません。過
去にものをなくしたという意識が、過去形に表れて
いるのかもしれません。

POINT

●過去形で書かれた表現の特徴を知って、文章に生かそう。

過去の描写に現在形を交ぜる

> 過去のことを書くときにすべて過去形で書くと、動きのない文章になってしまいます。過去のことを書く場合に、どうやって現在形を交ぜていけばいいのか、考えてみましょう。

例　紅葉の奥入瀬に**出かけた**。木々の葉が赤や黄色に色づいて**いた**。流れる川に紅葉が映えてとても**美しかった**。旅行の記念に紅葉の落ち葉を1枚拾って**持ち帰った**。

➡ すべて過去形で書いたものです。客観的ですが、事実を伝えるだけに終わっています。
現在形を交ぜて書いてみます。

....

改善例　紅葉の奥入瀬に**出かけた**。木々の葉が赤や黄色に色づいて**いる**。流れる川に紅葉が映えてとても**美しい**。旅行の記念に紅葉の落ち葉を1枚拾って

持ち帰った。

こうすると、実際に青森県の奥入瀬渓流に来ているような臨場感が出てきます。

現在形を交ぜると、「紅葉の奥入瀬に出かけた」という回想シーンから、「木々の紅葉の様子」「紅葉が川に映えている様子」に視点を移すことができるからです。

筆者の主観を出したいときに現在形を使うと、グッとイメージが迫ってくるのです。

これは映画などの手法に似ています。

・紅葉の奥入瀬に出かけた。

（冒頭に全体を俯瞰するような回想シーンを用意する）

・木々の葉が赤や黄色に色づいている。

（木々の葉などにフォーカスして、奥入瀬の現場にイメージを移す。そこに主人公が登場して、動き出す）

・流れる川に紅葉が映えてとても美しい。

（主人公が川沿いを歩き出し、川面や木々に視線を動かす）

・旅行の記念に紅葉の落ち葉を1枚拾って持ち

帰った。

（再び、回想シーンに戻って、拾って持ち帰った
落ち葉がアップになる）

　映画の作り方は文章を書くときの参考になります。
読者は文章を読んで、イメージを思い浮かべます。
文章を頭の中で映像化しながら書いていくことも大
切です。

●過去のことを書くときでも、現在形を交ぜると文全体
　に臨場感が出ます。

読点「、」の打ち方①

「。」を句点、「、」を読点と言います。両方合わせて句読点と言います。句点は文の終わりに付けるので、間違えることはほとんどないと思います。ここでは文の要素を見ながら、読点をどこに打ったらいいのか、を考えてみます。

〈解説1〜5〉にいくに従って、文の要素を少しずつ増やします。これに読点を入れていきましょう。

解説 1　僕は公園でジョギングをした。

➡　この場合は、読点を入れる必要はありません。「僕はジョギングをした」という要素がはっきりしているからです。あえて読点を加えると

　①僕は、公園でジョギングをした。
　②僕は公園で、ジョギングをした。

となります。

①は、ジョギングをした主体が「僕」であることを明確にします。②は、ジョギングをした場所が「公園」であることを強調できます。つまり、読点はその前の言葉を強調する役割があるのです。

....

解説2 　僕は**朝早く起きて**公園でジョギングをした。

〈解説1〉の「公園でジョギングをした」という要素に「朝早く起きて」という要素が加わりました。
　要素が二つ以上並んだときには、要素の区切りに読点を打ちます。

　　僕は朝早く起きて、公園でジョギングをした。

....

解説3 　僕は朝早く起きて**友達と**公園でジョギングをした。

　さらに「友達と」という要素が加わりました。これは「ジョギングをした」にかかるものなので、次のようにします。

僕は朝早く起きて、<u>友達と公園でジョギングを</u>
<u>した</u>。

....

解説 4　僕は朝早く起きて友達と公園でジョギングを
して**汗を流した**。

➡ 「朝早く起きて」と「友達と公園でジョギングをし
て」と「汗を流した」の三つの要素に分けられます。
この要素を読点で区切ります。

　　①僕は朝早く起きて、友達と公園でジョギング
　　　をして、汗を流した。
　　②僕は朝早く起きて、友達と公園でジョギング
　　　をして汗を流した。

　三つの要素を読点で区切ったのが①です。これだ
と「汗を流した」が、「ジョギングをした後に、シャ
ワーで汗を流した」というようにも読めます。
　②は「ジョギングをして汗を流した」とつなげた
ので、「ジョギングをした結果、汗をかいた」とい
うことが分かります。

....

僕は朝早く起きて友達と公園でジョギングを
して汗を流した**後会社に行った**。

→ 「朝早く起きて」「友達と公園でジョギングをして」
「汗を流した後」「会社に行った」と四つの要素になっ
ています。

> ①僕は朝早く起きて、友達と公園でジョギング
> をして、汗を流した後会社に行った。
> ②僕は朝早く起きて、友達と公園でジョギング
> をして汗を流した後、会社に行った。

①は「汗を流した後会社に行った」と一続きになっ
ているので、「ジョギングの後にシャワーを浴びて
汗を流した」ようにも読めます。②は「汗を流した
後」が、その前の「ジョギングをして」につながっ
ているので、「ジョギングをした結果、汗をかいた」
というふうに読めます。読点の位置で意味のかたま
りが変化し、「汗を流す」の意味も変わったのです。

しかし、ここまで要素が多くなると、①と②の違い
がはっきりしません。次の問題を解いてみましょう。

次の文を二つの文に分け、読点も使いながら、分かりやすくしなさい。

僕は朝早く起きて友達と公園でジョギングをして汗を流した後会社に行った。

〈解答例〉

①僕は朝早く起きて、友達と公園でジョギングをして汗を流した。その後、会社に行った。

②僕は朝早く起きて、友達と公園でジョギングをした。その後、シャワーで汗を流して会社に行った。

①は「ジョギングで汗を流した」、②は「シャワーで汗を流した」ということが明確になります。

POINT

●読点は、意味のかたまりを意識して打とう。

読点をどこに打つかの基本は、読者にとって「分かりやすい文にすること」と「誤読を避けること」にあります。

前項で、文の要素（意味のかたまり）を意識して読点を打つと、文意がはっきりすることを見てきました。これは「分かりやすい文にする」だけでなく「誤読を避ける」意味合いもありました。ここでは「誤読を避ける」読点の打ち方を、もう少し説明します。

ひらがなが続く場合の有名な例を挙げます。

例　ここではきものを脱いでください。

➡　例文では、脱がなければならないのが「はきもの（履き物）」なのか「きもの（着物）」なのか、はっきりしません。

改善例 ①ここで、<u>はきもの</u>を脱いでください。
②ここでは、<u>きもの</u>を脱いでください。

➡ 〈改善例〉のように、意味が通るように読点を打たなくてはなりません。場合によっては漢字を使って、キーワードがひらがなに埋没しないようにしましょう。

同じような例で、「弁慶がなぎなたをふるって……」を「弁慶がな、ぎなたをふるって……」と読んでしまったという笑い話もあります。

....

解説 佐藤君と友達の鈴木君が僕の家に遊びに来た。

➡ 僕の家に遊びに来たのは、いったい何人でしょう。

①佐藤君と、<u>友達の鈴木君が</u>、僕の家に遊びに来た。

「佐藤君と」の後と、「友達の鈴木君が」の後に読点を打つと、僕の家に遊びに来たのは2人です。「友達の鈴木君」というのは、「佐藤君の友達」とも「僕

の友達」とも読めます。

　　②佐藤君と友達の、鈴木君が僕の家に遊びに来
　　　た。

「佐藤君と友達の」の後に読点を打つと、「佐藤君
と友達である鈴木君」が、1人で僕の家に遊びに来
たことになります。
　いずれにしても紛らわしいですね。こういう場合
は、読点に頼らず、表現を変えます。
　①をさらに分かりやすくするためには、

　　③佐藤君と、彼の友達の鈴木君が、僕の家に
　　　遊びに来た。

「彼の友達の」という言葉を補うことで、鈴木君が
佐藤君の友達であることがはっきりします。僕の家
に遊びに来たのが2人であることも分かります。

　②を分かりやすく書き換えてみましょう。

　　④鈴木君が僕の家に遊びに来た。彼は佐藤君の
　　　友達だ。

鈴木君と佐藤君の関係を「彼は」という言葉を補って明確にしました。こうすれば、遊びに来たのは鈴木君1人ですね。

　読点の打ち方も大事ですが、誤読をなくす文の構成も併せて考えていきましょう。

POINT

●誤読をなくすためにも、読点の打ち方に気をつけよう。

読点「、」の打ち方③

読点の役割は、文を読みやすくしたり誤読をなくしたりするだけではありません。読点を上手に使って言葉を強調したり、魅力的な文を作ったりすることもできます。

例 1

①秋の夜空に星が輝いていた。
②欲しかったのはそのバッグだろ。

→ ①のキーワードは「星」で、②は「バッグ」です。これを読点で際立たせてみます。

改善例

①秋の夜空に、<u>星が</u>、輝いていた。
②欲しかったのは、<u>そのバッグ</u>、だろ。

→ キーワードをカギ括弧で挟むような感覚で、読点を使います。

ただ、こういう手法を使いすぎると、読点が多す

ぎて煩わしいだけになります。効果を考えて、ここ
ぞ、というところで使ってください。

例2 その点については理解されないまま終わったと
いう印象だ。

改善例 ①その点については、理解されないまま終わっ
　　　　た、という印象だ。
　　　　②その点については「理解されないまま終わっ
　　　　た」という印象だ。

➡️ ①も、読点をカギ括弧のように使っています。この場合はキーフレーズを読点で囲んだ形です。

②のようにカギ括弧を使えば、強調して伝えたい部分が明確になり、さらに読みやすくなります。

カギ括弧の代わりに読点を使うかどうかは、文章の全体の流れを見て決めましょう。

....

例3　**自由、平等、博愛**は、フランス革命のスローガンだった。

➡️ 単語を並列に書く場合、読点よりも中黒（中点）を使った方が、分かりやすい場合があります。

....

改善例　**自由・平等・博愛**は、フランス革命のスローガンだった。

➡️ 読点だと、単語や文の切れ目のような意識が働きます。

中黒（中点）は、同列の言葉を並列させるときに

用います。この場合、「自由・平等・博愛」という
一塊（ひとかたまり）の言葉として視覚的に認識しやすくなります。

　「自由・平等・博愛は、〜」としたことで、中黒と
読点の役割が分かれました。そのため、読点の前ま
でが主語だ、ということがはっきりします。

POINT

●文章の流れ、見やすさ、分かりやすさを考えて、読点
　を効果的に使おう。

取材するということ

「取材」と言うと、普通の人が入れない事件現場などで、新聞記者が話を聞き出すイメージがあるかもしれません。

しかし、取材というのは文章を書く前に、材料を集めることです。何も特別なことではありません。僕たちが旅行の思い出を書こうとする場合にも、取材は必要なのです。

旅行に行くときには、まずどこに行こうかを考えます。本や雑誌で読んで興味を持ったり、旅行会社のパンフレットを見たり、知り合いに聞いたりしますね。さて、行き先が決まったら、そこの情報を調べましょう。フランスのモン・サンミッシェルに行くなら、その歴史、名物、土産物などを調べてみましょう。ガイドブックなどを読んで、まとめておきます。ここまでが事前取材です。あらかじめ、旅行先の情報を整理しておくということです。

現地に入ったら、よく観察しましょう。空の色、天気、人々の顔、匂い……。キョロキョロと観察します。そして小まめにメモをし、写真も撮っておきます。これこそが現地取材です。

　そして、事前情報との食い違いを楽しむゆとりを持つことです。バスや電車に乗り遅れた、道に迷っていたら現地の人から優しくされたなど、ハプニングこそが旅のだいご味です。事前に調べた通りなら、現地に行く意味も薄れます。違うことへの戸惑いが新たな感動を生むのだと思って、楽しんでください。それが文章に生きるのです。

　取材は、旅の記録をつけるためだけのものではありません。映画や芝居の感想、家族の思い出を書く場合も同様です。

　映画や芝居なら、脚本や台本、原作にあたったり、役者のプロフィルを調べたりします。そういう準備をしてから映画や芝居を見ると、また違った見方ができるかもしれません。家族のことを書くなら、親戚やゆかりの人を訪ねて話を聞いてみましょう。見て、聞いて、そして調べる。これが取材なのです。

記者が記事を書くときも同じです。原稿を書くために、現地に入る前に調べたり、関係者から話を聞いたりします。ところが、事前取材の通りだったためしはありません。情報収集は知らず知らずのうちに、自分の都合のいいように傾きがちです。

　現地に行って直接見たり聞いたりすると、全く違った顔が見えてきます。そこをどう感じ、楽しめるか、が原稿の良しあしを決めるポイントだと思います。

　自説を主張するあまり、事実をゆがめてしまうこともあります。それは「やらせ」にもつながります。人に文章を届けるということは、自らの考え・思想を伝えることでもあります。事実をゆがめてまで、伝えるべきものはないはずです。

「台詞は覚えたら、一度忘れなさい」。かつて俳優の森繁久彌さんが、役作りについてこういう趣旨のことを話していました。事前取材をして現地で確かめることは、これに通ずるものがあるのではないかと思います。

第3章

「てにをは」を
正しく使って書こう

「は」は必ずしも主語を表さない

主語を表すと言われる助詞に「は」と「が」があります。「は」が係助詞、「が」が格助詞です。ところが、「は」は必ずしも主語を表すわけではありません。「は」の役割について、見ていきましょう。

解説 ①彼**は**背**が**高い。
②秋葉原**は**外国人観光客**が**多い。
③象**は**鼻**が**長い。
④このカメラ**は**父**が**買ってくれた。
⑤父**は**このカメラを買ってくれた。

①〜④を見てみましょう。「彼は」「秋葉原は」「象は」「このカメラは」を主語と呼ぶのは難しいですね。

なぜかというと、「彼**の**背が高い」「秋葉原**に**外国人観光客が多い」「象**の**鼻が長い」「このカメラ**を**父が買ってくれた」と、他の助詞に置き換えることができるからです。「の」「を」「に」に置き換えられる部分を主語と呼ぶことはできません。

　例文の主語は、

　　①彼は**背**が高い。
　　②秋葉原は**外国人観光客**が多い。
　　③象は**鼻**が長い。
　　④このカメラは**父**が買ってくれた。

のように、太字の部分になります。

「〜は○○だ」という文の「〜は」は、主題や課題
を表します。「〜といえば」「〜についていえば」と
いうふうに、課題を提示するもので、必ずしも主語
を示すものではありません。
「〜は」の後につく「○○だ」という述部で「何だ」

「どんなだ」「どうする」という解答や判断などを示すことになります。

　①の場合「彼についていえば」という主題について、「背が高い」という解答を示しています。

　⑤の「父は」は主語と言えます。「父は」を「父が」と置き換えて

　　父がこのカメラを買ってくれた。

としても、ニュアンスの違いはほとんどありません。
　しかし、
　④このカメラは父が買ってくれた。
の方が、
　⑤父はこのカメラを買ってくれた。
より、「このカメラ」を買ってくれた「父」に対する思いが強調されています。「このカメラは」という主題に対し、「父が……」という解答になっているからです。

....

類 例　①食事が**おいしい旅館**
　　　②食事は**おいしい旅館**

「が」を使った①の場合、旅館の施設やサービスなども含めて高い評価を与えながら、特に食事が素晴らしいという太鼓判を押した表現になります。

　一方、「は」を使った②の場合は「食事のおいしさ」が強調されています。しかし「他のサービスについては保証できませんよ」ということを言外に含めた表現になっています。

　「が」と「は」の違いで、評価が変わってしまうのです。

POINT

●主題や課題を表す「は」の役割を理解しよう。

主語を表す「が」と「は」

「は」は必ずしも主語を表さない、と先に書きました。ここでは、主語を表す場合の格助詞「が」と係助詞「は」の違いについて見てみましょう。

解説 1　①明日**は**きっと晴れるよ。

②A「部屋中、ほこりだらけだ」
　B「だから、掃除**は**小まめにしなさいって言ったでしょ」

➜　①の場合は、天気の話題について「晴れる」と説明しています。このように、話題を提示する場合には「は」を使います。

②は「ほこりだらけだ」を受けて「掃除（をしなさい）」という会話になっています。このように、前に出てきた内容を受ける場合にも「は」を使います。

解説 2   ①風**が**吹いた。
          ②風**は**吹いた。

➡   ①のように、ある事象を説明する文には「が」を
使います。「が」を使うことで臨場感が出てきます。
　②のように「は」を使うと客観的な色合いが出て、
臨場感は薄れます。

．．．

類例 1   ①兄**が**庭で花の水やりをしていたとき、
　　　　　 僕は木に登って山並みを見ていた。
          ②兄**は**水やりを終えると、
　　　　　 じょうろを物置小屋にしまった。

➡   ①の「兄が」を「兄は」に置き換えてみます。

<u>兄は</u>庭で花の<u>水やりをしていた</u>とき、
　　　　　　　　　　　 僕は木に登って<u>山並みを</u>
　　　　　　　　　　　 　?
<u>見ていた</u>。

となります。
こうすると、「兄は」の述語が「水やりをした」

に加えて「山並みを見ていた」になるため、「僕は」が浮いて文が成立しなくなります。

②の「兄は」を「兄が」に変えてみます。

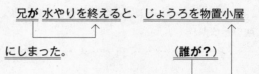

<u>兄が</u> <u>水やりを終えると、</u> <u>じょうろを物置小屋</u>

<u>にしまった。</u> **（誰が？）**

となります。水やりをした兄の他に、じょうろをしまった人がいるように読めます。

「が」と「は」で主語が変わる場合もあります。

類例2 ①君**が**ご飯を食べているのを見ていると楽しくなる。
②君**は**ご飯を食べているのを見ていると楽しくなる。

「が」は、すぐ後ろの動詞を述語とします。①の場合、「（ご飯を）食べる」のは「君」です。その姿を「見ていると楽しくなる」のは、文に書かれていな

い「私」で、文全体の主語になります。

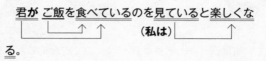

る。

　一方、「は」は文全体の主語になります。②の場合、
「君」の述語は「見ている」と「楽しくなる」です。
文全体の主語は「君」です。ご飯を食べているのは、
「君」以外の人、たとえば「子ども」なのかもしれ
ません。

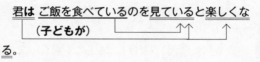

る。

●「が」と「は」の違いで主語が変わることもあります。

「が」と「は」の使い分け①

格助詞「が」と係助詞「は」の役割を見てきました。ここでは「が」でなければならない場合、「は」でなければならない場合を見ていきます。

解説 1

①涙が出る<u>ほど</u>うれしい。

②風が強い<u>のに</u>ヨットレースを強行した。

③校長が遅刻をする<u>とは</u>信じられない。

④雪が降っ<u>たり</u>風が吹い<u>たり</u>している。

➡ ①〜④は、「が」でなければならない場合の文です。「涙が出る」「風が強い」「校長が遅刻をする」「雪が降る」「風が吹く」のように、主語がその直後の動詞にかかって、直接的な現象や出来事を表しています。

それに「ほど」「のに」「とは」「たり」などがついて、程度や状況を説明しています。

解説2 ①この店**は**安い**のに**うまい定食を出してくれる。
②歌**は**世に**つれ**世**は**歌に**つれ**

 ①②は、「は」でなければならない場合の文です。

> この店**は** 安い**のに**うまい定食を 出してくれる。

①の「この店」は、「安い」と「(うまい定食を)出してくれる」の両方の主語になっています。つまり、「この店」＝「安い」＋「うまい定食を出す」という構図です。そこに「のに」という接続助詞がついて、状況の意外性を表したものです。

②は、ある事柄や動作に伴って、他の事象が起こることを示す「につれ（て）」がついた場合です。「彼は環境に慣れる**につれて**明るくなった」なども同様の使い方です。

　「～は○○、～は××」という構図は、○○と××を対比させるものです。「歌は世につれ世は歌につれ」は、歌は世の変化を反映し、世は歌の変化が投影されているものだという対比を表現しているのです。

POINT

●「は」を「が」に、「が」を「は」に置き換えることができない場合もあるので、しっかり使い分けよう。

24 「が」と「は」の使い分け②

すでに知っている（既知）情報を書く場合と、知らない（未知）情報を書く場合に、「は」と「が」を使い分ける必要があります。

解説 1
①彼**は**九州の出身らしい。
②彼女**は**イギリスに留学した。

➡ ①や②は、共通の知人などで既知情報となっている「彼」や「彼女」についての話題です。そこに加わる新たな情報（未知情報）として、「彼」は「九州の出身」であると言い、「彼女」は「イギリスに留学した」と言っているのです。

「既知情報 ＋ **は** ＋ 未知情報」という図式です。

解説 2
①彼**が**九州の出身らしい。
②彼女**が**イギリスに留学した。

➡️ 〈解説2〉は、〈解説1〉の「は」を「が」に入れ替えたものです。

①は、「九州の出身が誰なのか」という話題について、「彼が」と言ったものです。この場合、「彼」がどういう人物なのかといったことを知らなくても（未知情報）通用します。

②も同様に、「イギリスに留学したのが誰なのか」という話題についての解答です。これも、未知情報の「彼女」について言っているものです。

「未知情報 ＋ が ＋ 既知情報」となります。

....

解説3 ①A「ハワイ**は**どうだった？」
　　　B「海**が**奇麗だったよ」
　　　②きのう、動物園でサル**が**おりから逃げる事件**が**あった。

➡️ ①の場合、Bがハワイに行ったということを、Aはすでに知ったうえでの会話です。「ハワイ」という既知情報について、Bが「海が奇麗だった」という未知情報を伝えたものです。**既知情報の後に「は」**が、**未知情報の後に「が」**がついています。

②は「何が」「どうした」という未知情報について書いたものです。そのため、「サルが」「逃げる事件があった」というように「が」を使っているのです。これを既知情報を表す「は」に置き換えることはできません。

「未知情報 ＋ が ＋ 未知情報」という図式です。

●すでに知っている（既知）情報には「は」を、知らない（未知）情報には「が」を使います。

「が」がつく文と「は」がつく文

　これまで、主語（主格）を表す「が」と「は」の違いについて見てきました。「が」は「雨が降る」など「直接的な現象」を表し、「は」は「兄は背が高い」など「主題や課題の提示」を表す助詞であることが分かりましたね。

　分かりやすい文の基本は「主語と述語を近づけること」だという話を聞いたことがあると思います。実は、「が」と「は」の違いが語順にも影響してくる場合が多いのです。そこを理解しておかないと分かりやすい文を書くことができません。

　そこで、格助詞「が」と係助詞「は」のつく文の語順の違いと、そのニュアンスを見ていきましょう。

解説 1　①**牛乳が**冷蔵庫にあります。
　　　　②冷蔵庫に**牛乳が**あります。

→　①と②では、どちらが自然な日本語の流れだと思いますか。感覚の問題もあるとは思いますが、通常

②の方ではないでしょうか。①の場合は「冷蔵庫」
にあるものが「牛乳」であると強調するニュアンス
が生まれます。

....

解説2　③**牛乳は**冷蔵庫にあります。
　　　　④冷蔵庫に**牛乳は**あります。

➡　　③と④を比べると、③の方が自然ですね。④は、
「冷蔵庫」にあるものが「牛乳」だと強調するニュ
アンスが出ています。

....

　●**自然な流れ**
　　②冷蔵庫に**牛乳が**あります。
　　③**牛乳は**冷蔵庫に<u>あります</u>。

　このように、主語（主格）を表す「が」と「は」
の位置を見てみると、「が」の場合は述語に近い場所、
「は」の場合は述語から離れた文頭などに置く方が、
自然な流れになることが分かります。

....

●強調形
①**牛乳が**冷蔵庫に<u>あります</u>。
④冷蔵庫に**牛乳は**<u>あります</u>。

「が」を述語から離して置く場合や、「は」を述語の近くに置く場合は、主語（主格）が強調されます。「は」と「が」が語順に影響するのは、「は」が係助詞、「が」が格助詞という違いによるものです。

　第3章 Lesson21以降で見てきたように、係助詞の「は」は遠くの述語に影響し、格助詞の「が」は直近の述語に影響します。

　つまり、「は」は主題の提示となるので、文頭においた方が据わりのいい場合が多いのです。一方、「が」は述語に近い位置に置いた方が、主語と述語のつながりが明確になります。

　そうした位置を逆にすると、文の流れがつまずいたり、主語（主格）が強調されたりするのです。

POINT

●「が」と「は」の語順によるニュアンスの違いをしっかり理解しよう。

「は」のつく文の語順

　「冷蔵庫に牛乳があります」のように「が」がつく文は、主語が述語に近い位置にきて、「牛乳は冷蔵庫にあります」のように「は」がつく文は、主語が述語から遠い位置にある方が自然な流れになると、先の項で述べました。

　「が」は「直接的な現象」を表す助詞なので、主語が述語に近づく傾向があります。そのため、「が」を使って主語を表した文は、比較的紛らわしさがありません。

　ところが「主題や課題の提示」を表す助詞「は」を使った文は、主題の説明や課題の解答を書かなくてはならないので、冗長になりやすいのです。

　ここでは、「は」のつく文の語順について見てみましょう。

　「いつ／どこで／誰が／何を／どうした」という言葉を聞いたことがあると思います。これが基本的な語順といわれるものです。

例1 きのう／動物園で／僕は／ライオンを／見ました。
（いつ／ どこで ／誰が／ 何を ／どうした）

➡ 　基本的な語順に沿った書き方です。それほど違和感はないかもしれませんが、次の例と比べてみてください。

・・・

改善例 ①きのう／僕は／動物園で／ライオンを／見ました。
（ いつ ／**誰は**／ **どこで** ／ 何を ／どうした）

②僕は／きのう／動物園で／ライオンを／見ました。
（**誰は**／ いつ ／ どこで ／ 何を ／どうした）

➡ 　〈例1〉より〈改善例〉①②の方が、自然に思えませんか。
　②のように「僕は」という「主題」を先に出した方が、次に「いつ／どこで／何を／どうした」とい

う「解答」が出しやすいのだと思います。

　ここで、注意して見てください。基本的な語順で示しているのは「いつ／どこで／<u>誰が</u>／何を／どうした」です。「<u>誰が</u>」であって「<u>誰は</u>」ではありません。つまり、これが「が」の基本的な語順です。

「誰は」の場合、「<u>誰は</u>／いつ／どこで／何を／どうした」という語順の方が、すわりがいいのです。これを「は」の基本的な語順と呼びます。つまり、「は」のつく文は、主題「誰は」と、述語「どうした」の間が遠くなる傾向にあることが分かると思います。

　〈例1〉に挙げたものは比較的単純な構造です。

　次に文の要素がそれぞれ長くなった場合に、語順がどうなるのか、見ていきましょう。

例2　①きのう／<u>できるだけ自然環境を生かした</u>展示にしようと工夫を凝らしている動物園で／僕は／ライオンを／見ました。
（いつ ／<u>どこで</u>／誰は（が）／何を／どうした）

②僕は／きのう／<u>できるだけ自然環境を生かし</u>

た展示にしようと工夫を凝らしている動物園
で／ライオンを／見ました。
（誰は／いつ／<u>どこで</u>／何を／どうした）

③<u>できるだけ自然環境を生かした展示にしよう
と工夫を凝らしている動物園で</u>／きのう／僕
は／ライオンを／見ました。
（<u>どこで</u>／いつ／誰は／何を／どうした）

④<u>できるだけ自然環境を生かした展示にしよう
と工夫を凝らしている動物園で</u>／僕は／きの
う／ライオンを／見ました。
（<u>どこで</u>／誰は／いつ／何を／どうした）

　①は「が」の基本的な語順、②は「は」の基本的
な語順です。「動物園」についてこれだけ長い説明
（修飾）がつくと、②の主題「僕は」はさすがに遠
すぎますね。むしろ①の方が分かりやすくなってい
ます。

　③④の方が、さらに分かりやすい文になっている
と思います。「は」のつく文は主題が述語から遠く
なる傾向にあります。しかし、長い説明（修飾）が
つく場合は、その部分を前に出した方が分かりやす

くなるのです。これは、主題（僕は）が「何を／どうした」という要素に近くなるからです。

「当たり前じゃない」と言う人も多いでしょう。しかし、実際に文を書くと無意識のうちに主題（主語）「〜は」を先に書き出すことが多いのです。そして述語である「解答」に至るまで、長々と言葉を挟んでしまいがちなのです。

書き手は、主題を先に出した方が心理的に安心できます。しかし、読み手には分かりにくい文になっていることも多いのです。

この例文をさらに分かりやすくしてみましょう。

....

改善例　**僕はきのう、動物園でライオンを見た。**<u>その動物園は、できるだけ自然環境を生かした展示にしようと工夫を凝らしている。</u>

➡　「動物園でライオンを見た」という要素と、「動物園の説明」という要素を二つの文に分ければ、分かりやすくなるのです。

これなら、「は」で示した主題と述語が、離れすぎているという感じにはなりません。結果的に一文

は短くなります。

　よく、文（文章）は短い方がわかりやすい、と言われますが、その理由が明かされているものは、ほとんどありません。主語と述語の結びつきを明確にして、複数の要素があればそれを要素ごとに分けて書くようにする。すると、必然的に一つの文は短くなるのです。「は」と「が」の違いをしっかり理解する意味が、ここにあるのです。

POINT

●分かりやすい文を書くために、語順にも注意を払うようにしよう。

主格を表さない「が」と「を」「の」の違い

「雨が降っている」「風が吹いている」「子どもが遊んでいる」などのように、通常、格助詞「が」は主語（主格）について、現象を表す文を作ります。ところが「が」は、目的語をとる格助詞「を」と同じような役割を果たす場合があります。

解説

①僕は**君が**好きだ。

②**水が**飲みたい。

③**家が**欲しい。

④あの留学生は**日本語が**上手だ。

⑤**魚が**うまい店を知っている。

①〜⑤の文にある「が」は、いずれも主語（主格）を表すものではありません。

①の「君が」の部分は、目的語のような役割になります。

②も③も主語にあたる「私」が示されていないだけで、文の構造は①と変わりません。「水が」「家が」

の部分は目的語に相当します。

　そのため、最近では「僕は君を好きだ」「水を飲みたい」「家を欲しい」という言い方をする場合も増えています。英語の文法に引きずられて、目的語は何でも「を」という助詞をつける必要はないのです。英文法を日本語文法にそのまま当てはめることはできません。

　伝統的な日本語では「が」を使うべきところだと思います。

　④の「日本語が上手だ」は「日本語を上手に使う」という意味です。この場合「上手だ」という言葉に「使う」という意味を含ませています。

　「ピアノが上手だ」という場合は「ピアノを上手に弾く」という意味を含ませているのです。

⑤の場合は「魚がうまい店」を「<u>魚の</u>うまい店」とすることもできます。主格を表す「が」は、「の」に置き換わる場合があるからです。

「魚がうまい」が「店」を修飾するように、「〜が○○」という形で名詞などを修飾する場合によく見られます。

「サービスが行き届いたホテル」も「サービスが行き届いた」が「ホテル」という名詞を修飾しています。これも「サービスの行き届いたホテル」という具合に、助詞の「が」は「の」に置き換えることができます。

「<u>僕の</u>いないことは百も承知だろう」は、「僕が」が置き換わったものです。他にも「<u>鬼の</u>居ぬ間に洗濯」「<u>下戸の</u>建てたる倉もなし」など、ことわざなどによく見られます。

POINT

●主語とは違う働きをする「が」の役割も覚えておこう。

対比して強調する 「も」

> 係助詞「も」には、似たようなものをとり出して提示したり、対比して強調したりする役目があります。

解説 1

きょう**は**機嫌がいいね。

きょう**も**機嫌がいいね。

➡ 「きょうは機嫌がいい」という場合、きのうやあしたの機嫌については分からない、という意味合いが含まれています。

「きょうも」の場合は、「きのうも機嫌がよかった」と、きのうときょうの機嫌を暗に対比させた言い方です。

「きのうもきょうも機嫌がいい」とすれば、よりはっきりしますね。

> **解説 2** 煮ても焼いても食えない。

➡ このように、否定的な言い回しの場合は、「煮ても食えない」「焼いても食えない」と両方とも否定することになります。「煮たら食える」が「焼いたら食えない」と、片方だけ否定する場合には使いません。

他の例も見てみましょう。

●同じ境遇の仲間を意識した表現

・<u>犬</u>も<u>歩けば</u>棒に当たる。

・雉<ruby>雉<rt>きじ</rt></ruby>も鳴かずば撃たれまい。

・・・

●予想を上回ることに驚いた表現
・<ruby>舌鋒<rt>ぜっぽう</rt></ruby>鋭い<ruby>姪<rt>めい</rt></ruby>に、さすがの姉もたじたじだ。
・枯れ木も山のにぎわい。

・・・

●強調した表現
・この犬も家族の一員だ。
・猫の手も借りたいほど忙しい。
・<ruby>箸<rt>はし</rt></ruby>にも棒にもかからない。
・いやでも応でも病院に連れていく。
・親も親なら子も子だよ。
・目の中に入れても痛くない。
・小学生にして早くもピアノの才能を開花させ
　た。
・押しも押されもせぬ大投手。

「押しも押されもしない」を「押しも押されない」
と誤った表記を見かけます。

126

しかし「も」が「対比して強調すること」だと知っ
ていれば、間違えることはありません。

....

●「も」がついて強調の意味を伴うおもな副詞
　　あくまでも　／　あたかも　／　いかにも　／
　　いつも　／　必ずしも　／　少なくとも　／
　　少しも　／　どうにも　／　どうしても　／
　　とにもかくにも　／　はからずも

POINT

●「も」の「対比して強調する」という役割をしっかり
　押さえておこう。

方向などを示す「に」と「へ」

> 格助詞「に」と格助詞「へ」は、方向などを示す
> 点でよく似た働きをします。この違いについて考え
> てみましょう。

解説 1
①海**に**向かう。（方向）
②家**に**着いた。（帰着点）
③父**に**連絡を入れる。（相手）
④午後5時**に**待ち合わせをしよう。（時刻）
⑤薬は引き出し**に**ある。（場所）

→
①〜③は「海」「家」「父」に対して、文には書か
れていない主体（私など）の動作の向きを示してい
ます。このような場合の「に」は、「へ」で置き換え
られます。「へ」は動作の向きを表すからです。

海**に**向かう → 海**へ**向かう
家**に**着いた → 家**へ**着いた
父**に**連絡を入れる → 父**へ**連絡を入れる

ところが、④の「午後5時」という時刻や⑤の「引き出し」という場所には、動作の向きが作用しません。

　「に」は動作の結果（到達点）を示す傾向があるので、動作の向きを示す「へ」に置き換えられない場合があります。

　　○　午後5時に待ち合わせをしよう
　　　　→　×　午後5時へ待ち合わせをしよう
　　○　薬は引き出しにある
　　　　→　×　薬は引き出しへある

....

類例　○　スーパーにある　→　×　スーパーへある
　　　○　学校にいる　→　×　学校へいる

　「〜にある」「〜にいる」の「に」は、場所を表す用法です。「へ」に置き換えることはできません。

....

　相手を示す「に」について、もう少し見てみましょう。

解説 2
①息子**に**行かせる。
②生徒**に**教える。
③母**に**頼む。

➡ ①は、使役の形です。この場合、「に」の言い換えは「へ」ではなく「を」になります。

息子に行かせる → × **息子へ行かせる**
○ **息子を行かせる**

②と③の場合は、それぞれ「教える内容」や「頼む内容」が意識の中にあったうえで、その相手を示していることになります。言葉を補うと、

生徒に（数学を）教える
母に（仕送りを）頼む

などとなります。この場合の「に」を「へ」に置き換えることはできません。
「生徒に～」「母に～」の「に」を「を」に置き換えることはできますが、ニュアンスが変わります。

生徒<u>を</u>教える

母<u>を</u>頼む（母を頼りにする）

は、いずれも「教える内容」や「頼む内容」を意識しているのではなく、教える相手が生徒であり、頼りにする相手が母であることをより明確にしています。

●「に」と「へ」の微妙な違いをしっかり理解して、正しく使い分けよう。

30 双方向の「と」と一方向の「に」

> 格助詞「と」と「に」の役割には、共通する部分
> があります。しかし「と」には「双方向の感覚」が
> あり、「に」には「一方向の感覚」があります。

解説 1 ①友達と会う。
②友達に会う。

➡ ①の「友達と会う」というのは、会うという「双
方向の感覚」を重視した言い方です。つまり「私と
友達」が会うという意味です。
②の場合は「友達に会うために出かける」という
「一方向の感覚」が、強く含まれています。

・・

解説 2 ①友達と相談する。
②友達に相談する。

➡ ①は、対等の立場で相談に乗ってもらうという「双

方向の感覚」があります。②の場合は、相談相手と
して友達を選んだという「一方向の感覚」が表れて
います。さらに、相談には乗ってもらうが結論を出
すのは自分だ、という強い感覚も見てとれます。

....

解説 3 　**彼女と結婚する。**

「彼女と結婚する」は2人で成り立つものなので「と」
を使います。一方向の関係を表す「に」を使って「彼
女に結婚する」とは言いません。

....

解説 4 　**彼と競争する。**

「競争」は「彼と私」の双方で成り立つものです。
そのため「と」を使います。

POINT

● 「と」は「双方向」、「に」は「一方向」と覚えると、
違いが分かりやすくなります。

場所を表す 「で」 と 「に」

> 志賀直哉の「城の崎にて」という小説があるように、「にて」は「動作や作用が行われる場所」に使われます。「学校にて行います」と「学校で行います」は同じ意味です。「にて」の方が少し時代がかった文語的な感じがしますね。格助詞「で」は、もともと格助詞「に」に「て」がついた「にて」から変化したものです。そのため、「で」と「に」は似たような使い方をされる場合があります。

それでは、「で」と「に」の違いを見ていきましょう。まずは「で」のおもな使い方を挙げます。

....

解説 1　学校で勉強をする。（動作や作用が行われる場所）

➡　「で」を、すべて単純に「に」に置き換えることはできません。
　　しかし、「学校」という場所を示す場合、次のよ

うに書くことができます。

学校に<u>妹がいる</u>。

「学校で」は、「勉強をする」という行為にかかっています。「学校に」は、「妹」が存在する場所を表しています。

　この場合の「に」は場所を示すものですが、動作や作用を伴いません。

. . . .

解説2　**タクシーで<u>行く</u>。（行為の原因・理由・手段）**
　　　　タクシーに<u>乗って行く</u>。

➡　「で」はもともと「に」に「て」がついた形だと説明しました。「タクシーで」の「で」には、「〜によって」という手段・方法の意味が含まれているのです。

. . . .

解説3　**きのうで<u>締め切った</u>。**
　　　　（時刻や期間・継続していたものの終わり）
　　　　①きのう**まで**で<u>締め切った</u>。
　　　　②きのう**まで**に<u>締め切った</u>。

副助詞「まで」は、始まりから終わりまでの範囲を示します。①には「で」が、②には「に」がついたものです。

　「で」には、継続していたものが終わるという意味があるので、「まで」につくと「終わった時点から次の状態に移る」という感覚が出てきます。

　①の「きのうまでで締め切った」という場合、締め切りは「きのう」で、それ以降はもう受け付けないといった感覚です。

　「に」には「動作の到達点を示す傾向」があります。これに、範囲を示す「まで」がつくと「その範囲の一時点」を示すことになります。

②の「きのうまでに締め切った」というのは、「きのうまでのある時点」を指します。必ずしも「きのうが終わる時点（夜12時）」をいうのではありません。「おととい」締め切っている場合もあるということです。

　「10時までに集合」は、8時でも9時でも、10時を過ぎなければいつ集合してもいい、ということです。「10時ぴったり」であるなら、「10時に集合」と書かなくてはなりません。

● 「で」と「に」は似ている点もありますが、ニュアンスの違いを理解して上手に使い分けるようにしましょう。

並列表現「と・とか・や」の使い方

> 「僕と君」「僕や君」。「と」も「や」も並立助詞です。並立助詞は、いろいろな語に付いて二つ以上の同じ趣の言葉を並べて言うのに用います。その違いについて、見ていきます。

解説 1

① 店先には<u>リンゴ・ミカン・バナナ</u>が並んでいた。

② 店先には<u>リンゴ</u>と<u>ミカン</u>と<u>バナナ</u>が並んでいた。

③ 店先には<u>リンゴ</u>や<u>ミカン</u>や<u>バナナ</u>が並んでいた。

→ ①は、中黒「・」で並べたものです。これは単なる羅列で、そこに筆者の意図や他の果物が並んでいる状況はうかがえません。

「と」を使った②の場合、「リンゴとミカンとバナナ」以外のものは並んでいないことになります。

「や」を使った③の場合、いくつかの果物が並んで

いる状況で、「リンゴやミカンやバナナ」を代表と
して列挙したことになります。「リンゴやミカンや
バナナといった類いの果物」というイメージです。

解説2 店先にはリンゴとかミカンとかバナナが並んで
いた。

➡ 「とか」を使うと、「と」を使った場合より断定的
な印象が和らぎます。口語で使われることが多い表
現かもしれません。

解説 3 お祝いに<u>花とか</u>を贈っておいてください。

➡ 　断定的要素が和らぐので、花に限らずそれに準じたものを贈ればいいことになります。

....

解説 4 店先には<u>リンゴとミカンとバナナと</u>が並んでいた。

➡ 　「と」の使い方については、一つ注意が必要です。〈解説1〉②では「店先にはリンゴとミカンとバナナが並んでいた」としましたが、最後を「〜と」で受ける形が、本来の慣用としての使い方でした。現在では最後に受ける「と」を省くことが多くなってきました。
　しかし、「と」で受ける形が残っているものもあります。

....

解説 5 ①元気で<u>あろうとなかろうと</u>健康診断は定期的に受けるべきだ。
②<u>見ると聞くと</u>は大違い。

　①は、ある事柄の有無に判断や行動が影響されないことを表しています。「〜と〜と」の形が残っていて「なかろう」の後の「と」は省略できません。「元気であろう**が**なかろう**が**〜」とすることもできます。ここも「〜が〜が」の形で用います。また②を「見ると聞く**は**大違い」として「と」を省略するのも、本来の用法とは言えません。

POINT

●言葉を並列させる助詞の場合も、使い方によって、ニュアンスが変わってくるので、しっかり使い分けるようにしましょう。

Column

書き出しに困った場合

　書き出しに困ったときに、僕が思い起こし、参考にしている文があります。

　春はあけぼの。 やうやう白くなりゆく、山ぎはすこし明かりて、むらさきだちたる雲のほそくたなびきたる。

　清少納言の『枕草子』です。なんと言っても「春はあけぼの」と言い切るところがいい。何の前置きもなく、書くべき主題をポンと出して、それについて情景を重ねています。ここには「よかった」「きれい」などという形容詞もありません。「雲のほそくたなびきたる」の後に、「いとをかし」という言葉が言外につくのでしょうが、そこをあえて書いていません。
　書き出しで、主題を出す。こうすると余計なことを書かずにすみます。

旧式の電車はゴトンと一つ後方に揺り戻して止まった。

　ＪＲ上越線の土合駅（どあい）は群馬県の最北端に位置する。下り線ホームは地中深くに掘られたトンネルの中にあって、陽光を目にするには四百八十六段の階段を上がらねばならない。それは「上がる」というより「登る」に近い負荷を足に強いるから、谷川岳の山行はもうここから始まっていると言っていい。

　横山秀夫『クライマーズ・ハイ』（文藝春秋）の冒頭です。まず、上越線の土合駅が日本のどの辺にあるのかを示しています。その上で駅がどれほど深いところにあるのかを、486 という階段の数で見せています。「階段を上るのは大変だ」などの感想はありません。486 という数字が、谷川岳登山の厳しさを匂わせています。書き出しのわずか四つの文で、読み手の気持ちは一気に谷川岳へ向かいます。

　具体的な数字は、読み手に鮮明なイメージを植え付けることができます。「家の近所にある図書館」と書くよりも「家から歩いて10分の図書館」と書

いた方が、より具体的で、現実味が出てきます。

　こうしてみると、文章の書き出しは、思った以上にシンプルだということが分かります。

　そして、余計な前置きがないことも分かると思います。短い文を積み重ねることで、読み手のイメージを膨らませています。書き出しに迷ったときは、「短く、直球勝負」を心がけるようにしています。

　まず骨の部分（主題・伝えるべきこと）を言い切る。その後に肉付けをするように説明を加えていくのです。考え過ぎて、どこから手を付けていいのかが分からなければ、まず結論をズバッと書いてみるのも一つの手です。

　好きな作家の本を読んで、書き方のヒントを得るのも一つの方法です。気に入った表現や文を書き写すのもいい勉強になります。大いにまねて、テクニックを盗みましょう。

第 **4** 章

日本語の正しい
書き方を覚える

「こそあど」とは

> 「こそあど」とは、語の最初に「こそあど」がつく
> 指示語のことです。

　以下におもなものを挙げます。

　　「これ」「それ」「あれ」「どれ」……（代名詞）
　　「こんな」「そんな」「あんな」「どんな」……（形
　容動詞）
　　「こう」「そう」「ああ」「どう」……（副詞）
　　「この」「その」「あの」「どの」……（連体詞）
　　「ここ」「そこ」「あそこ」「どこ」……（指示代
　名詞）

　「こ」「そ」「あ」「ど」がアタマにつく語のグルー
プには、それぞれ共通の感覚があります。
　このうち、「どれ」「どんな」「どう」「どの」「どこ」
の使い方については紛れが少ないので、ここでは「こ
そあ」について考えていきます。

例1

①**この机は祖父から、その万年筆は父から、あ
の置き時計は伯父から譲り受けたものです。**

②A「肩が凝っちゃって。ちょっと肩をたたい
　　てくれないかな」
　B「いいよ。**どこ？**」
　A「**ここ**」
　B「どう、**ここでいい？**」
　A「ああ、**そこそこ**」

　①は、話し手から見た机、万年筆、置き時計の距
離感が出ています。「こ」「そ」「あ」は、それぞれ「近
く」「中間」「遠く」を指していますね。文に遠近感
が出てきます。
　しかし、②の場合、Aが「ああ、そこそこ」と言っ
ている場所は、自分の肩ですから、本来「ああ、こ
ここ」と言ってもいいところです。しかし、実際
は「そこそこ」と言います。
　肩たたきを頼まれたBの立場からA自身が話して
いるという、心理的距離感から生じるものと言えま
す。

「こ」「そ」「あ」には、距離感以外にも文脈や内容を、受けたり指したりする使い方があります。

　次の①と②の○○に、ふさわしいと思う副詞（こう、そう、ああ）を入れてみて下さい。

 例2

　　①「頑張れば必ずチャンスはくる」。
　　　コーチは僕に○○言った。
　　②コーチは僕に○○言った。
　　　「頑張れば必ずチャンスはくる」

　○　①-1　「頑張れば必ずチャンスはくる」。
　　　　　　コーチは僕に**そう**言った。

　○　①-2　「頑張れば必ずチャンスはくる」。
　　　　　　コーチは僕に**こう**言った。

　○　②-1　コーチは僕に**こう**言った。
　　　　　　「頑張れば必ずチャンスはくる」

　×　②-2　コーチは僕に**そう**言った。
　　　　　　「頑張れば必ずチャンスはくる」

　×　①-3　「頑張れば必ずチャンスはくる」。
　　　　　　コーチは僕に**ああ**言った。

　×　②-3　コーチは僕に**ああ**言った。
　　　　　　「頑張れば必ずチャンスはくる」

①は「そう」、②は「こう」を選んだ人が多かったのではないでしょうか。①に「こう」を選んだ人もいたと思います。

「こ」のグループには、話題を引き継いだりまとめたりする役割があります。「このように」「こうして」などとも同じ役割を持っています。

　①-2の場合、コーチが言った話をまとめた表現です。②-1などのように、次にくる内容を引き継ぐときにも使われます。

　「その」「そう」など**「そ」のグループには、先に語られた内容を受ける役割があります。**「そして」「それで」「そのため」などの接続詞も同様の役割を持ちます。

　①-1のように、カギ括弧の内容を受けて「そう言った」という表現はスムーズです。しかし、②-2のように、受ける内容が後にある場合には、違和感が出てきます。

・・・

例3　①犬はほえます。
　　　②その犬はほえます。

①は、話題に上っている犬を指している場合もあるでしょう。しかし、犬という生き物全般を指していると解釈するのが一般的です。②は、話題に上っている犬に限定している表現です。「そ」のグループが「犬」などの名詞につくと、話題が限定される特徴があります。

　「あ」のグループは、話した内容や心の中で考えた事柄などを指すものです。

例4　①**ああでもないこうでもない**と言い合ってもしようがない。
　　　②**ああ**言っておいたから、もう大丈夫だろう。

➡️ ①②などのように、話し手と聞き手がある程度共通の認識があるものを指しています。

　従って、〈例2〉①-3や②-3は、そぐわない表現といえます。

....

　「こそあど」は意味を理解して使うと、内容を端的に言い表すことができます。

　しかし、何を指しているのかがはっきりしないと、文があいまいになります。

例5 「友情は大切だ」。学校の先生から**こういうことを**よく聞かされた。しかし**そんなことは**言われるまでもなく、**こういう具合に**友達は大切にしている。

....

改善例 「友情は大切だ」。学校の先生からよく聞かされた。しかし言われるまでもなく、友達は大切にしている。

〈例5〉は「こそあど」があるために、遠回りした文になっています。言いたいことをピンポイントで伝えられていません。〈改善例〉では、「こそあど」をすべて取りました。これで十分通じますね。むしろ、すっきりしました。

「こそあど」を上手に使うと奥行きのある文になります。しかし無意味に多用すると、間延びした文になるので、注意が必要です。

また、接続詞よりも大きな概念を引き継いだり受けたりすることができます。その半面、引き継いだり受けたりする内容を明確にしておかないと、漠然とした言い回しになり、焦点がぼやけてしまうのです。

POINT

● 「こそあど」を上手に使うと、奥行きのある文になります。ただ、使いすぎると間延びするので注意してください。

「書き言葉」と「話し言葉」

カギ括弧の中で話し言葉を使って、臨場感を出す表現方法があります。しかし、通常の報告書や作文に話し言葉や砕けた言葉を使うと、文章全体の品格を失うことにもなりかねません。

例1 **一こ上**の先輩に、アイスを**ゴチ**になった。

....

改善例 **一年上**の先輩に、アイスクリームを**ごちそうに**なった。

➡ 「一こ上」という言い方は、「一つ年上」「一年上」「一年先輩」などとしましょう。「ゴチ」という口語の省略形も書き言葉には、そぐいません。

....

例2 急行に乗った**けど**、**まじ**、時間かかった。

....

改善例 急行に乗った**が**、予想以上に時間がかかった。

➡ 　例文の「〜けど」は、逆接の「〜が」を使いましょう。「まじ」は「まじめに」が略されたもののようですが、単語を略して使うことも避けたいものです。

....

例3 僕的には<u>ガッツシ</u>食べれれば、<u>問題ないし</u>。

....

改善例 僕としては、<u>しっかり</u>**食べられれば**問題はない。

➡ 　例文の「僕的には」の「的」は、「〜としては」の意味で使っています。「会社的にはマイナスだ」「デパート的には売り上げに影響しない」なども同じ使い方です。

　「ガッツシ」は「しっかり」「たっぷり」という意味の副詞「がっつり」の若者言葉です。

　はやり言葉や話し言葉を使うのは慎重にすべきでしょう。「食べれる」は、「見れる」「起きれる」と同様、ら抜き言葉といわれるものです。本来、上一段・下一段・カ変活用の動詞には可能の助動詞「ら

れる」がつきます。しかし、そこから「ら」が脱落
したものです。

「問題ないし」も書き言葉としては、しまりがあり
ません。ここは「問題はない」と、断定した書き方
をしましょう。

....

<table>
<tr><td>例4</td><td>彼は、今度の失敗は自分のせいだと考えてる<u>み</u>
<u>たいだ</u>。</td></tr>
</table>

....

<table>
<tr><td>改善例</td><td>彼は、今度の失敗は自分のせいだと考えている
<u>ようだ</u>。</td></tr>
</table>

➡ 〈例4〉の「考えてる」は、「思ってる」「話してる」
などと同様に「い」抜き言葉です。書き言葉は、文
法に則した書き方をするのが基本です。

みたい

「～みたいだ」という口語文体も文脈に合わせて「～

ようだ」としましょう。

 他にも以下のような例があります。注意しましょう。

　　× 晴れ<u>みたい</u> → ○ 晴れ<u>ているようだ</u>
　　× <u>すごい</u>上手
　　　　 → ○ <u>すごく</u>上手、<u>とても</u>上手
　　× 楽しい<u>けど</u> → ○ 楽しい<u>けれど</u>
　　× <u>ヤバイ</u> → ○ <u>相当、大変だ</u>
　　　　　　　　　　○ <u>すごく おいしい</u>
　（意味に応じて、丁寧に書き分けましょう）

　　× <u>ホントなら</u>
　　　　→ ○ <u>本当のことならば</u>
　　　　　 ○ <u>本当のことであれば</u>

POINT

●文に「話し言葉」を書くと、文全体が砕けた印象となり、品を落とす場合もあるので、注意しましょう。

「〜たり、〜たり」の表現

「行ったり来たり」という決まり文句を「行ったり来る」とは言いませんね。

「行く」「来る」などの対比する言葉を使って、同類の動作を並べる表現です。2度目の「〜たり」は基本的に省略できません。

例1 夏休みなので海に行って**サーフィンをしたり**、山に登って<u>絵を描く</u>ことが多い。

➡️ 文が長くなると、後ろの「〜たり」をつけない場合が多くなるようです。また「〜たり」は、同類の動作に対応した動詞につけます。

· ·

改善例 夏休みなので海に行って**サーフィンをしたり**、山に登って<u>絵を描いたりする</u>ことが多い。

➡️ 〈例1〉の場合、「サーフィンをする」ことと「絵を

描く」ことが同類の動作になるので、ここを対応させて「〜たり」をつけます。

> × 夏休みなので海に行って**サーフィンをしたり**、**山に登ったりして**絵を描くことが多い。

この場合、「海に行ってサーフィンをする」と「山に登って絵を描く」という対比構造にしなくてはなりません。

. . . .

例2 　海外に住んでいる息子の無事を**祈ったり**、体調を**心配する**日々だ。

. . . .

改善例1 　海外に住んでいる息子の無事を**祈ったり**、体調を**心配したり**する日々だ。

→ 　これは「無事を祈る」ことと「体調を心配する」ことが対応しています。

　しかし、次の場合はどうでしょう。

. . . .

改善例2　海外に住んでいる息子の無事を**祈り**、体調を<u>心配したりする</u>日々だ。

この場合は、「無事を祈る」ことと「体調を心配する」ことを、同類の動作とはみなしていない表現です。言外に体調の他にも心配する要素をにおわせた表現です。そのため、「〜たり」を繰り返さなくても違和感はありません。

基本的に動詞に「〜たり」をつけたら、その後の対応する動詞にも「〜たり」をつける、と覚えておくといいでしょう。

類例 ①「春になれば、寒い田舎の町にも桜は咲くん
　　　　だなあ」。僕は遠い山並みを見ながら、そん
　　　　なことを思ったりした。
　　　②芝生に入ったりしないでください。

→　　①と②も同類の動作が示されていません。
　　　①の場合は「そんなことを思ったり懐かしがった
　　りした」というような言外の意を含んでいるのです。
　　同様に②も「芝生に入ったり花を傷つけたりしな
　　いでください」というような意味を含んでいます。

POINT

●対応する２度目の「〜たり」は基本的に省略できない、
と覚えておきましょう。ただし、例外もあります。

LESSON **36** 「決して〜ない」係り受けの
使い方

> 副詞などには、決まった形や言葉で受けるものが
> あります。話し言葉では、気にせず使っている場合
> が多いものです。文にするときには、注意する必要
> があります。

まずは、否定形を伴う副詞について見ていきましょ
う。

例 1
①**決して**笑える話だ。
②**全然**面白い。
③**まったく**分かる。
④**必ずしも**統一しようということだ。

➡ ①〜③に挙げた「決して」「全然」「まったく」の
副詞は、肯定で使われる例もあります。しかし、一
般的には否定形で受ける形をとります。
②や③は、話し言葉で使われる頻度が高くなって
きています。違和感はない、という人もいると思い
ますが、慣用に従って書くべきだろうと思います。

改善例 ①**決して笑えない**話だ。

②**必ずしも統一しなくていい**ということだ。

③**全然面白くない。**

④**まったく分からない。**

次に、仮定を伴う副詞です。

例2 ①**もし**学校が休みだから、映画を見にいこう。

②**もしも**急行電車が来るから、それに乗ってい
こう。

➡ 「もし」「もしも」は仮定を表す副詞です。「〜なら」
「〜ならば」「〜たら」などで受けます。

改善例 ①**もし**学校が休み**なら**、映画を見にいこう。

②**もしも**急行電車が来**たら**（来た**ならば**）、そ
れに乗っていこう。

推量・疑問を伴うものについても見てみましょう。

例3 ①**おそらく、これが最終電車だ。**
②**まさか、学校まで来ることはない。**
③**もしかしたら、本は物置にある。**
④**いくらなんでも、これ以上悪いことがある。**
⑤**もしや、この傘はあなたのです。**

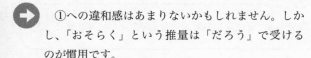

①への違和感はあまりないかもしれません。しかし、「おそらく」という推量は「だろう」で受けるのが慣用です。

「まさか」も「〜あるまい」「〜ないだろう」などで受けます。

改善例 ①**おそらく、**これが最終電車だ<u>ろう</u>。

②**まさか、**学校まで来ることは<u>ないだろう</u>。

③**もしかしたら、**本は物置にある<u>かもしれない</u>。

④**いくらなんでも、**これ以上悪いことは<u>ないだ</u><u>ろう</u>。

⑤**もしや、**この傘はあなたの<u>ではありませんか</u>。

　話し言葉の場合には、係り受けをさほど意識しなくても通じます。それは、話題に共通の意識や感覚を共有していることが多いからです。しかし、書き言葉の場合は、第三者に誤解のないように伝える必要があるので、係り受けをおろそかにしない方がいいのです。

POINT

●決まった受けを持つ副詞を覚えて、正しい文を書こう。

「〜より」と「〜から」の使い分け

弟子がその師匠よりもできがいいことを「青は藍より出でて藍より青し」と言います。

ここで使われている格助詞「より」について見ていきましょう。

練習問題

「青は藍より⁽¹⁾出でて藍より⁽²⁾青し」の中で、「より」の代わりに「から」を当てはめて通じるのは、(1)と(2)のどちらでしょう。

→ 答えは、

○「青は藍**から**出でて藍より青し」

×「青は藍より出でて藍**から**青し」

「より」には二つの意味があります。

(1)の「より」は「起点」を表しています。「藍

から出でて」という言い方はこなれていませんが、「藍という植物から抽出した」という意味です。従って、「起点」を表す「から」に置き換えられるのです。
（2）は「比較」です。「藍よりも青い」とすれば、より分かりやすいと思います。

....

●起点を表す「より」
・栴檀は双葉より芳し
栴檀は白檀のこと。白檀は双葉のころからいい香りを放つ、という意味から、大成する人は幼少のときからすぐれているというたとえ。

・隗より始めよ
大きな事業を成し遂げるつもりなら、まず身近なことから始めるべきだ。物事は言い出した者から始めるべきだという場合にも使う。

●比較を表す「より」
・このリンゴよりあっちの方が新鮮だ。
・僕より彼の方が適任だよ。

「より」を使うと「から」より丁寧なイメージも出てくるようです。

・ご予約は、お二人様**より**承っております。
・ご予約は、お二人様**から**承っております。

「から」は「起点」「原因」などを示す格助詞です。

●起点を表す「から」
・明日から夏休みだ（時間的起点）
・山から朝日が昇る（空間的起点）
・試験の成績から採用順位を決める（論理の起点）
●動作の経由地を表す「から」
・窓から風が入る（通過する位置）
・東京から大阪まで（範囲）
・僕から彼女に話す（動作の出どころ）
●原因を表す「から」
・経営不振からリストラされた（理由）

類 例 羽田空港**より**飛行機で北海道に出かける。

↓

羽田空港**から**飛行機で北海道に出かける。

「より」を使うと、文語調の格式張った雰囲気になります。起点を表す場合、「から」を使った方が、現代日本語としてはなじみやすいと思います。

POINT

●「〜より」は「起点」「比較」、「〜から」は「起点」「原因」と覚えておこう。

LESSON 38　「する」と「させる」の違い

　　自動詞「する」と他動詞「させる」の使い方を、
取り違える場合があります。
　　その使い方を見てみましょう。

 解　説　①この決定を部員に**周知させる**。
　　　　②この決定を部員に**周知する**。

➡　どちらの表現も、よく使われますね。
　　これは、「周知」という言葉に「広く知れ渡って
いること」という意味と、「広く知らせること」と
いう意味があるからです。

　「広く知れわたっていること」という意味では、「周
知の事実」などのような使い方が一般的です。
　「広く知らせる」という意味だと、「～を周知する」
となります。「～を周知させる」というと、知らせ
るべきことを誰かを介して伝えるという使役の感覚
も出てきます。いずれの使い方も大きな違いはない

と言えるのではないでしょうか。

....

例 僕は、勉強とクラブ活動を**両立してきた**。

....

改善例 僕は、勉強とクラブ活動を**両立させてきた**。

 「両立」には「二つともに並び立つこと」という意味があります。

「勉強とクラブ活動」が目的語になっています。この場合は自動詞「する」ではなく、目的語を取る他動詞「させる」を使わなくてはなりません。自動詞「する」を使う場合は、「勉強とクラブ活動は両立する」などのようにします。

....

類例 顔と名前が**一致させる**。

①顔と名前が**一致する**。
②顔と名前を**一致させる**。

170

この場合は、①「〜が一致する」、②「〜を一致
させる」のどちらかになります。

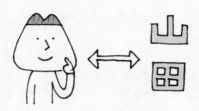

　　単純な使い分けとして、次のように覚えておくと
いいかもしれません。
「する」と「させる」では、意味が変わる場合もあ
ります。

　　「〜が（は）○○する」　←→　「〜を○○させる」
　　たとえば、
　　・客が（は）**満足する**。

　　　　　　　　　　←→　　客を**満足させる**。
　　・顔と名前が（は）**一致する**。

　　　　　　　　　　←→　　顔と名前を**一致させる**。
　　・機械の精度が（は）**向上する**。

　　　　　　　　　　←→　　機械の精度を**向上させる**。

「させる」という動詞には「人にある動作をするようにしむける」という役目があります。「この話は彼にさせよう」「決意をさせる」などが、こうした例になります。

「させる」には、助動詞としての働きもあります。上記の「動詞」の場合と似た働きがあり、使役の意味を持ちます。「捕手が投手に球を投げさせた」「母が長男に妹の面倒を見させた」などがそうです。

「させる」は動詞、助動詞とも、人に動作を促す役目があることを意識しておくといいでしょう。

POINT

●「〜が（は）○○する」と「〜を○○させる」の使い分けを覚えておこう。

否定表現の役割

> 　否定文というのは、単にマイナスの表現をすることではありません。また、文章の書き方などのマニュアル本には、二重否定はやめましょう、と書いてあるものが多くあります。
>
> 　否定文や二重否定の持つ役割を考えてみます。

解 説

①夏が嫌いだ。

②夏が好きでは**ない**。

③夏が好きでは**ない**というわけでは**ない**。

④夏が好きでは**ない**と思わ**ない**わけでは**ない**。

➡

　①はストレートに「夏が嫌いだ」と言い切っています。夏を否定していますが、否定の助動詞を伴っていません。しかし、非常に強い意思を感じます。

　②は否定文ですが、「夏が嫌いだ」というほど強い意思は感じません。

　「どちらかというと夏が嫌いだ」というニュアンス

を込めた、やや婉曲的な言い回しになります。

　③は二重否定です。
　積極的に夏が好きだということではない、しかし
嫌いというほど強い気持ちでもないという、微妙な
感情を表現しています。これが二重否定の効果です。

　④は三重否定です。
　夏が好きなのか嫌いなのか、さすがに読者は戸惑
いますね。

類例 提案に反対した人は**少なくなかった**。

➡️ ある提案について賛否を問う場面の微妙な空気が
伝わってきます。しかし、賛成と反対がどのくらい
あって、結局、提案が通ったのかどうかがはっきり
しません。

　否定文は婉曲的な言い回しや微妙な雰囲気・程度
を表すことができます。一方で、あいまいなままで
すませてはいけないことを表現するには、不向きな
のです。

　さらに、二重否定、三重否定になると文の構造が
複雑になるので、読者を立ち止まらせることになり
ます。そのため一般的に、二重否定は使わない方が
いい、ということになるのです。

POINT

●微妙な感情や雰囲気を否定文で表現できます。ただ、
　読みにくさの原因にもなるので、注意しましょう。

逆接の接続詞「しかし」の働き

「しかし」など逆接の接続詞は、プラスの要素をマイナスに、マイナスの要素をプラスに逆転させる働きがあります。上手に使うと筆者の言いたい内容を論理的に、読者に伝えることができます。

解説

①君は社会人だ。**しかし、**僕は学生だ。

②このワインは値段が高い。**しかし、**おいしくない。

③このワインは値段が高い。**しかし、**おいしい。

④このワインは値段が高い。**だから、**おいしい。

①は「社会人」と「学生」という対比する概念を表しています。逆接の一般的な使い方です。

②と③を見ると、「しかし」の後に続く言葉が異なっていますが、文意はどちらも通ります。

②は「値段が高いものはおいしい」という前提に立って書いています。値段が高い割にはワインがおいしくないので、「しかし」という逆接を使って期

待外れだった意思を示しているのです。

　ところが、③は、「値段が高い」ことをマイナスの要素として捉え、それを「しかし」で打ち消しています。

「値段は高いけれども、このワインに限ってはその価値がある」と言っているのです。

　④も「値段が高いものはおいしい」という立場です。ここでは、値段に見合うおいしさなので、「だから」という順接で「おいしい」をつないでいるのです。

　このように、逆接を使っても前提とする考え方によって、何を否定するのかが変わってくるのです。

　こうした逆接の接続詞「しかし」や接続助詞「が」は、多用すると読者が混乱することにもなります。

例 バラは美しい。**しかし**トゲがある**が**、品種も豊富でどれも華やかです。**しかし**値段が高いので、いつも買うのをためらいます。

➡ 「しかしトゲがあるが」は、「しかし」と「が」が並んでいるため、何に対する逆接なのかが、判然としません。

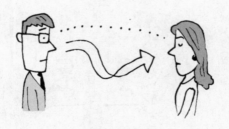

改善例 バラにはトゲがあるが美しい。品種も豊富でどれも華やかです。**しかし**値段が高いので、いつも買うのをためらいます。

「美しい」「華やか」はプラスの要素です。「トゲ」をマイナスの要素として「トゲがあるが」と表現しています。その後の「値段が高いので……」もマイナスの要素となり文脈が逆転します。

　文を論理的に組み立てて、必要な接続詞は残し、不必要なものは削るようにしましょう。

POINT

● 「しかし」の多用は読者を混乱させます。必要なものだけを使うようにしましょう。

「が」「けれども」は、
できるだけ使わない

接続助詞「が」は逆接の意味を持つ場合と、つな
ぎの意味しか持たない場合があります。「が」を使
うと文が長くなり読みづらくなります。「けど」「け
れど」「けれども」なども同様です。

例　ヘチマの苗をベランダで鉢植えにしていますが、
土の中から出てきたばかりの芽が愛らしくて、毎
日の水やりが楽しみです。

➡　「鉢植えにしていますが」までを一つの文にします。
この場合の「が」は、つなぎの役目しかないので、
削っても文意は通ります。

....

改善例　ヘチマの苗をベランダで鉢植えにしています。
土の中から出てきたばかりの芽が愛らしくて、毎
日の水やりが楽しみです。

....

類例 1　晴れやかなトランペットの音色というには、ま
だほど遠い**けど**、練習の成果もあってか高校 1 年
の時よりいい音が出るようになったと思います。

晴れやかなトランペットの音色というには、ま
だほど遠い。**しかし、**練習の成果もあってか高校
1 年の時よりいい音が出るようになったと思いま
す。

　この場合も文を二つに分けます。「〜けど」を「し
かし」にしました。「けど」は口語表現に多く見ら
れる表現です。書き言葉にはそぐいません。「けれど」
「けれども」を使うようにしましょう。

類例2 体調が悪いのは風邪をひいたから**だが**、年度末で仕事が忙しいこともその原因の一つ**だが**、酒の飲み過ぎにも問題はある。

体調が悪いのは風邪をひいたからだ。**しかし、**年度末で仕事が忙しいことと酒を飲み過ぎたことにも、その原因はある。

〈類例2〉の上の文は文意がつながりません。「が」を使って文を長くすると、途中から文意がねじれることがあります。

接続詞の本来の意味が薄れ、文章をつなぐために使われる「が」「けれど」「けれども」「だが」などは、その前後で要素が異なります。こうした場合は、前後を分けて文をシンプルにすると、分かりやすい文になります。

POINT

●接続助詞の「が」を使いすぎると文が長くなり、いつの間にか文意がねじれていることがあります。

伝えたいこととずれた言葉

> 伝えたい気持ちと、使う言葉が一致していないと
> 誤解を招くことがあります。

例
①就職活動をして、初めて企業の**壁の広さ**を感
じた。
②**尊大な気持ち**で彼と接したが、彼の気持ちが
卑小過ぎて会話にならなかった。

➡ 「壁」は「高い」か「厚い」です。修飾する言葉の
意味を考えて使いましょう。

「尊大」という言葉は、「心が広い」という意味で
はなく「威張っていかにも偉そうな態度を取ること」
です。

また「根性が卑しく、料簡が狭すぎる」という意
味で「卑小過ぎて」としているようですが、いまひ
とつ落ち着かない表現です。

①就職活動をして、初めて企業の**壁の厚さ**を感じた。

②**穏やかな気持ち**で彼と接したが、彼は気持ちを閉ざしたままだった。そのため、じゅうぶん話ができなかった。

⋯⋯⋯⋯⋯⋯⋯⋯⋯⋯⋯⋯⋯⋯⋯⋯⋯⋯⋯⋯⋯⋯⋯⋯⋯⋯⋯⋯⋯⋯⋯⋯

　　四字熟語の意味をしっかり覚えておかないと、相手を傷つけることにもなります。

①彼は**厚顔無恥**のいい男だ。

②いつも物静かな部長が、きのうの会議で色をなして怒っていた。**君子 豹 変**とは、まさにあのことだ。

　①の「厚顔無恥」は、「厚かましくて恥知らず」なことを言います。「いい男」という形容にはなりません。「こうがん」という音だけで「紅顔の美少年」をイメージしたのでしょう。これでは、せっかくのほめ言葉が台無しです。

　②の「君子豹変」は、いかにもヒョウが突然野性をむき出しにしたようなイメージがあります。それ

で、性格や態度が急に変わるときによく使われます。

　この解釈も辞典には載っていますが、本来の意味とは異なります。ヒョウの毛が季節によって抜け替わり、斑紋も美しくなる。それと同じように、徳の高い人は間違ったことがあればすぐにそれを正すというのが本来の意味です。

　元の意味を知らずに故事成句やことわざを使って、誤解を招かないようにしましょう。

POINT

●間違った言葉を使った文は、誤解の原因になります。

LESSON 43 　**不適切な言葉を使わない**

> いわゆる差別用語や不快語だけでなく、普段使っている何げない言葉の中にも、気をつけなければならないものがあります。

解説　①絵の上手な人はいないかと聞かれたので、私の知り合いのイラストレーターを**紹介してやった**。

②この車はもう古いので、**新しいやつ**と買い替えることにした。

③次長は部長の**女房役**です。

④**女だてらに**オートバイに乗るとは。

⑤**男のくせに**めそめそすべきではない。

⑥**色白**のアメリカ人だ。

⑦飼い犬に餌を**あげる**。

　①「紹介してやった」は、「紹介した」としましょう。「～してやった」というのは、偉そうな印象を与える場合があります。「晩ご飯を作ってやった」

と言われては、感謝の気持ちもそがれます。

　②「新しいやつ」は「新しいもの」などに言い換えましょう。「この前の魚よりこいつの方がいきがいい」の「こいつ」も同様です。砕けた口語表現を文の中に使うと品位が下がります。

　③〜⑤は、社会的性差「ジェンダー」意識を問われる表現です。支えるという意味合いを「女房」に託して表現する必要はありません。
「女だてらに」という表現は、女性であることによって行動が制限されるかのような印象を与えることになります。
　ジェンダーは女性だけに限りません。「男のくせに」というのは「男はこうあらねばならぬ」という固定的な考えを押しつけるものです。

　⑥の「色白」はほめ言葉の一つとして使っているのかもしれません。しかし、様々な人種がいる中であえて「色白のアメリカ人」と言う場合、その意図を明確にしなくてはなりません。

　⑦「やる」の丁寧な言い方が「あげる」です。ペッ

トと家族同様に接している人も多くなってきたので、心情は理解できます。しかし、一般的に犬などの動物に「あげる」という丁寧語を使う必要はありません。文脈の中で使い分けましょう。

POINT

●読み手の立場を考えて、適切な表現を使うようにしよう。

同じ意味の言葉を繰り返さない

「白い白馬」「馬から落ちて落馬した」「前へ前へと前進した」という言葉遊びがあります。しかし、これを笑ってはいられません。言葉の意味をしっかり理解しないまま、雰囲気で使っている場合があります。

例

× 未だ未解決のまま放置されている。
○ 未解決のまま放置されている。
○ 未だ解決されないまま放置されている。

× 自ら墓穴を掘った。
○ 墓穴を掘った。（「墓穴を掘る」は自分の手で、自らを破滅に導く原因を作ること）

× 違和感を感じる。
○ 違和感がある。

× 不快感を感じる。
○ 不快感がある。

× あらかじめ予告する。
○ 予告する。
　（「あらかじめ」を漢字で書くと「予め」）

× **過半数**を<u>超える</u>。
○ **半数**を<u>超える</u>。
○ **過半数**に<u>なる</u>。

× まず<u>先に</u>、手を洗おう。
○ まず手を洗おう。
　（「まず」を漢字で書くと「先ず」）

× 犯罪を犯してはならない。
○ 罪を犯してはならない。
○ 犯罪を起こしてはならない。
　（「犯罪」は、罪を犯すこと）

× <u>一番</u>最初に着いた。
○ 最初に着いた。
○ <u>一番</u>に着いた。

× 炎天下の下、激しいスポーツをしてはいけ
ない。
○ 炎天下で、激しいスポーツをしてはいけな
い。
○ 炎天の下、激しいスポーツをしてはいけな
い。

× 射程距離に入る。
○ 射程内に入る。
（「程」は、距離の意味）

× 従来からの方法です。
○ 従来の方法です。
（「従来」は、以前から今までの意味）
○ 以前からの方法です。
（「古来から」→「古来」、「かねてから」→
「かねて」も同様）

× 製造メーカー
○ 製造会社
○ メーカー

× 前夜来の雨があがった。

○ 夜来の雨があがった。

（「夜来」は、昨夜以来の意味）

× 第1日目

○ 第1日

○ 1日目

× **平均**アベレージ

○ **平均**

○ アベレージ

（「アベレージ」は、平均の意味）

× **アンケート**調査

○ **アンケート**

○ 調査

（「アンケート」は、調査の意味）

× **満天の**星空

○ **満天の**星

（「天」は、空の意味）

× **満面の**笑顔

○ **満面の笑み**
（「面」は、顔の意味）

× 状況を楽観視する。
○ 状況を楽観する。
（「観」と「視」は、同じ意味）

× 飛行機の離発着
○ 飛行機の発着
○ 飛行機の離着陸
（「離」と「発」は、同じ意味）

× 血痕の跡が残っていた。
○ 血の跡が残っていた。
○ 血痕が残っていた。
（「痕」は、跡の意味）

POINT

●言葉の意味をしっかり理解し、重複表現は避けるよう
　にしよう。

つい使ってしまう間違った敬語

> 敬語には自らを低めて言う謙譲語と、相手を高め
> て言う尊敬語があります。それを逆に使ってしまう
> と、相手に対してとても失礼な言葉遣いになってし
> まいます。こうした謙譲語と尊敬語の混同は、よく
> 見かけます。

解説

●謙譲語と尊敬語の混同
①謙譲語「ご〜する」
× 当店では、優待券が<u>ご利用できます</u>。
○ 当店では、優待券が<u>ご利用になれます</u>。

「ご利用できます」は「ご〜する」の形をとる謙譲
語です。これでは話し相手を低めてしまいます。「ご
〜なる」の形をとる尊敬語を使います。

②謙譲語「お〜する」
× 入り口で、お連れ様が<u>お待ちしています</u>。

○　入り口で、お連れ様がお待ちになっています。

「お連れ様がお待ちしています」は「お〜する」という形の謙譲語です。この場合、入り口で待っているのは話し相手の連れ合いです。従って「お〜なる」という形を取る尊敬語を使い「お連れ様がお待ちになっています」としなくてはなりません。

③謙譲語「おる」
×　こちらに鈴木様はおりますか。
○　こちらに鈴木様はいらっしゃいますか。
○　こちらに鈴木様はおいでになりますか。

「おる」は「いる」の丁寧語です。しかし、自分の動作を卑下したり、相手の言動を見下したりする気持ちが含まれています。そのため、自分が相手にへりくだる謙譲語となります。

④謙譲語「参る」
×　部長、お客様が参りました。
○　部長、お客様がいらっしゃいました。

「参る」は「行く」「来る」の謙譲語です。お客様

に対しては使えません。「いらっしゃる」「おいでに
なる」「お見えになる」などの尊敬語を使うのが正
しい言い方です。

⑤謙譲語「いただく」

× 食事をご用意しました。どうぞ、遠慮なく<u>い
　ただいて下さい。</u>

○ 食事をご用意しました。どうぞ、遠慮なく<u>お
　召し上がり下さい。</u>

「いただく」は、「もらう」「食べる」「飲む」の謙
譲語です。「いただきます」というあいさつは、自
分の行為なので謙譲語を使います。「召し上がれ」
は相手の行為に対してなので、尊敬語を使います。
「召し上がる」は「食べる」「飲む」の尊敬語です。

⑥謙譲語「伺う」

× その件は、別の係員に<u>伺って下さい。</u>

○ その件は、別の係員に<u>お尋ね下さい。</u>

「伺う」は、「聞く」「尋ねる」「訪問する」の謙譲語。
相手に対して丁寧に言う場合は、「お尋ね下さい」「お
聞き下さい」となります。

●過剰な敬語

⑦二重敬語

× シャガールの絵を<u>ご覧になられ</u>ましたか。

○ シャガールの絵を<u>ご覧になり</u>ましたか。

「ご〜なる」で、尊敬語を作ります。それに尊敬の助動詞「れる」がついた形で、二重敬語になります。

× 先日、そう<u>おっしゃられ</u>ました。

○ 先日、そう<u>おっしゃい</u>ました。

「言う」の尊敬語は「おっしゃる」です。それに尊敬の「れる」を重ねたもの。

以下の例も同様の間違いです。

× <u>いらっしゃられる</u> → ○ <u>いらっしゃる</u>

× <u>おいでになられる</u> → ○ <u>おいでになる</u>

× <u>召し上がられる</u> → ○ <u>召し上がる</u>

⑧さ入れ言葉

× 論文を<u>読まさせ</u>ていただきました。

○　論文を<u>読ませていただき</u>ました。

「～させてもらう」の謙譲語「～せていただく」に「さ」が入ったものです。使役の助動詞「せる」「させる」は、動詞によって使い分けがあります。「読む」「書く」などの五段活用動詞と、「する」などのサ変動詞の未然形には「せる」、それ以外の動詞には「させる」がつきます。

「読む」の未然形には本来「せる」がつきます。しかし、「させる」を使ったため、「さ」が入ってしまったものです。これを「さ入れ言葉」といいます。

POINT

●読み手に失礼にならないよう、敬語表現は正しく使おう。

間違えやすいことわざ・慣用句

よく似た言い回しの慣用句を取り違えたり、ささいな言葉の違いで意味を大きく変えてしまったりすることがあります。また、本来の意味を確認せず、うろ覚えで使って失敗することもあります。

注意すべきものを、大きく三つのケースに分けました。

例

●混用の例

× 雨脚が一時途絶える

○ 雨が一時やむ

「人の足が途絶える」との混用。「雨脚」は雨が通り過ぎていくこと、雨が筋のように降ること。「雨脚が速い」「激しい雨脚」のように使います。

× 怒り心頭に達した

○　怒り心頭に発した

「心頭」はこころ、心中のこと。心から怒りがわき上がるという意味。「頭にきた」の連想で混用したものと思われます。

×　いやが応にも
○　いやが上にも／いやが応でも／いや応なく

「いやが上にも」と「いやが応でも」との混用。「いやが上にも」の「いや」は「弥」、「ますます」「いっそう」の意味。「いやが応でも」「いや応なく」の「いや」は「否」、「有無を言わせず」の意味です。

×　子どもに手が負えない
○　子どもが手に負えない

「手がかかる」との混用か。自分の力ではどうにもならないこと。この場合の「手」は「力」の意味。「手にあまる」と同義です。

×　二の舞いを繰り返す／二の舞いを踏む
○　二の舞いを演じる

「二の舞い」は前の人と同じ間違いを繰り返すこと。「二の舞いを繰り返す」は重言。「二の舞いを踏む」は「二の足を踏む」との混用かと思われます。

× 熱にうなされる
○ 熱に浮かされる

「浮かされる」は発熱などで意識がはっきりしなく
なること。「悪夢にうなされる」との混用か。

× 腹が煮えくりかえる
○ はらわたが煮えくりかえる

「はらわた」は、漢字で「腸」。「腹が立つ」との混
用か。

× 負けるとも劣らない／負けずとも劣らない
○ 勝るとも劣らない

「勝っていることはあっても劣っていることはない」
という互角以上のことをいう言葉。「負けるとも劣
らない」は「負けることはあっても劣ることはない」
ということになり、意味が通りません。「負けず劣
らず」との混用か。

× 的を得た発言
○ 的を射た発言／当を得た発言

「的を射た」は、「的確に要点をとらえた」という
意味。「当を得た」は「道理にかなった」という意

味です。双方の混用と見られます。

....

 ●わずかな違いが大きな違いに

　×　**愛想を振りまく**
　○　**愛敬を振りまく／愛想がいい**
「愛想」は人あたりのいいさま。人に対する親しみ
の気持ちを表します。「愛想がつきる」「愛想をつかす」
などの使い方があります。「愛敬」は、表情や言動
が愛らしく、人好きのすることです。「愛敬のある人」
という表現や、「失敗もご愛敬」などのように軽い
言い訳に使うこともあります。

　×　**明るみになった**
　○　**明るみに出た／明らかになった**
「明るみ」の「み」は、明るい場所のことを言います。

　×　**預かって力がある**
　○　**あずかって力がある**
　物事に多大の貢献をすること。「あずかる」は漢
字で「与る」。

　×　頭をかしげる

　○　首をかしげる

不審に思うこと。

　×　部長の頭ごなしに契約を結んだ

　○　部長の頭越しに契約を結んだ

「頭越し」は、その人を飛び越えて物事をするという意味。「頭ごなし」は言い分も聞かないこと。「頭ごなしに叱られる」

　×　あわや終電に間に合った

　○　あわや終電に間に合わないところだった

「あわや」は「危うく〜するところだった」という意味。

×　私欲に走る<u>いぎたない</u>男

○　私欲に走る<u>意地汚い</u>男

「いぎたない」は、いつまでも寝ていること、寝相が悪いこと。「いぎたない」の「い」は「寝る」という意味。

× 過ちを認めたのは<u>潔しとするが</u>……

○ 過ちを認めたのは<u>潔いが</u>……

「潔しとする」という言い方はありません。慣用句としては「潔しとしない」と否定で使います。自分の誇りや良心が許さないという意味。

× <u>薄皮</u>をはぐようによくなる

○ <u>薄紙</u>をはぐようによくなる

病気などが日に日に、少しずつよくなっていく様子を言う言葉。

× 屋上屋を<u>重ねる</u>

○ 屋上屋を<u>架す</u>

「屋根の上に屋根を架ける」ということから、無駄なことをする例えに使います。

×　押しも押されぬ実業家

○　押しも押されもせぬ実業家

「～も～も」の対比になっているので、後の「も」
を略してはいけません。※126ページ参照

×　肩をなで下ろす

○　胸をなで下ろす

「なで肩」という言葉のイメージからの誤用か。

×　元旦の夜

○　元日の夜

元旦の「旦」は、「夜明け」のことです。

×　気の（が）おける仲間と酒を飲む

○　気の（が）おけない仲間と酒を飲む

「気のおけない」は、気遣いする必要がないという
意味。「彼らは何を企んでいるか分からないので気
がおけない」というように「気が許せない」「油断
できない」という意味で使うのも間違いです。

×　功成り名を上げた

○　功成り名を遂げた

一つの事業を成し遂げ、名声もあわせて得ること。

×　時機にかなった処置

○　時宜にかなった処置

「時宜」は、その場所・場合にふさわしいこと。「時機」はあることをするのに適したときを言います。

×　しゃにむな闘争心は必要だ

○　しゃにむに戦う姿勢は必要だ

「しゃにむに」までで一つの副詞。漢字で「遮二無二」と書きます。

×　白羽の矢を当てる

○　白羽の矢を立てる

人身御供を求める神が、犠牲にする少女の家に白羽の矢を立てた、という俗説から生まれた言葉だと言われています。「多くの中から犠牲者として選ばれる」「多くの人の中から特に選ばれる」という意味です。

×　寸暇を惜しまず仕事をした

○　寸暇を惜しんで仕事をした

「寸暇」はわずかな時間のこと。

× 　雪辱を晴らす

　○ 　雪辱を果たす／屈辱を晴らす

「雪辱」は、恥をそそぐこと。「そそぐ」は漢字で「雪ぐ」と書き、汚名を除き払う意味です。

　× 　出る釘（くぎ）は打たれる

　○ 　出る杭（くい）は打たれる

　頭角を現す人は、邪魔をされやすいという意味。

　× 　眠け眼

　○ 　寝ぼけ眼

「寝ぼけ」は目が覚めても意識がはっきりせず、ぼんやりしていること。「寝ぼけ眼」は、その時の目つき。眠いときの目つきではありません。

　× 　本をものにする

　○ 　本をものする

「ものする」（古語は「ものす」）は文章や詩を作るという意味。「ものにする」は「自分のものにする」「習得する」という意味です。

　× 　今のプレーには、積極さが感じられない。

　○ 　今のプレーには、積極性が感じられない。

性質、状態を表す接尾語「さ」は、形容詞・形容動詞の語幹などについて、名詞をつくります。「積極」という名詞にはつきません。

....

●意味を考えて使おう

　×　パンダの<u>遺体</u>
　○　パンダの<u>死体</u>
「遺体」は「死体」より丁寧な言い方。動物には使わない。最近、ペットを家族同様に飼っている場合もあるが、遺体は人に使う言葉。「パンダが死亡した」も「パンダが死んだ」とする方が一般的。

　×　<u>3人目のお子さんは待望の女の子でしたか。
　　　これで一姫二太郎ですね。</u>
　○　<u>うちは最初が女の子で、次が男の子</u>だったんだ。まさに<u>一姫二太郎</u>さ。
「一姫二太郎」は、女の子1人と男の子2人の3人きょうだいをさす言葉ではありません。最初に女の子、次に男の子という順番で生むと、子育てが楽だという意味。

× **皮算用をはじく**

○ **そろばんをはじく／皮算用をする**

「皮算用」は「捕らぬ狸の皮算用」の略。実現するかどうか分からないうちから、期待を膨らませること。

× **子どもたちが幼稚園で嬌声（きょうせい）を上げている。**

○ **子どもたちが幼稚園ではしゃぎ声を上げている。**

「嬌声」は女性のなまめかしい声のこと。叫び声なら「叫声」と書きます。

× **激を飛ばす**

○ **檄（げき）を飛ばす**

「檄」は、主張を述べて同意を求める文書。激励したり発奮させたりする意味ではありません。

× **剣もほろろな対応**

○ **けんもほろろな対応**

「けん」も「ほろろ」も雉（きじ）の鳴き声。とりつくしまのない様子を言います。

× **秋晴れの９月。きょうは小春日和です。**

「小春」は陰暦10月の異名。太陽暦では11〜12月上旬に当たります。晩秋から初冬の暖かな日を言います。

× 準備万端

○ 準備万端整った

「万端」は、ある事物のすべてという意味。「準備万端」だけだと、準備するものすべてという意味にしかなりません。

× 食指をそそる

○ 食指を動かす／食欲をそそる

「食指」は「人さし指」のこと。「中国・鄭の子公がご馳走の予感がすると人さし指が動いた」という故事によるものです。「食欲が起こる」ということから「ある物事に興味を持つ」という意味になります。

× 生殺与奪を握る

○ 生殺与奪の権を握る

生かしたり殺したり、与えたり奪ったり、思うがままにできる力＝権力があることを言います。

× デッドロックに乗り上げる

○ 暗礁に乗り上げる

デッドロックは英語で「deadlock」。岩を意味する「rock」ではありません。デッドロックは、「交渉などの行き詰まり」のことを言います。「暗礁に乗り上げる」と意味が似ているので、混同しやすい言葉です。

× そんな同情は不要だ。情けは人のためならずって言うじゃないか。

ことわざ「情けは人のためならず」は、「人に情けをかければ回り回って自分のためになる」という意味です。「人のためにならない」という意味ではありません。

× 耳障りがいい

○ 耳なじみがいい

「耳障り」は「聞いていて不快な感じ」という意味なので、「いい」と評価するのは矛盾した表現です。「耳触りがいい」とする辞書もありますが、まだ俗用の範囲をでないのではないでしょうか。

× 披露宴での主賓あいさつなんて、私には役不

足だ。

○ 披露宴での主賓あいさつなんて、私には<u>荷が</u>
<u>重い</u>。

○ 披露宴での主賓あいさつなんて、私では<u>力不</u>
<u>足</u>だ。

「役不足」は「能力に対して役目が軽すぎる」こと
を言います。へりくだったときに使うのは間違いで
す。

●正しい日本語の使い方をしっかり覚えておこう。

数字表記の基準

パソコンなどの電子機器が普及して、横書きが増えてきました。その時に、数字表記に戸惑うことがあります。おもな例を見てみます。

解説

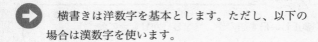

横書きは洋数字を基本とします。ただし、以下の場合は漢数字を使います。

1. 慣用句、成句、専門用語、固有名詞に含まれる数字
〈例〉五十歩百歩　再三再四　一部始終　七転八倒

2. 一つ、二つ……九つ
洋数字の1は「いち」、2は「に」、3は「さん」という読み方しかないため、漢数字の方がいいと思います。ただし、「1人」「2人」は洋数字を基本とします。最近では「1つ」「2つ」「3つ」という書き

方も増えているようです。

3．あいまいな数の表記

〈例〉十数人　数百個　何百回

4．読み誤る可能性がある場合

〈例〉四、五十メートル　五、六百年前

（4、50メートルとすると4.50メートルに、5、
600年前は5,600年前に読み誤る場合があります）

....

 漢数字と洋数字の使い分け

　　　1人前の料理　　　　　／　一人前の職人

　　学年で1番になった　　／　春一番

　　新聞の1面を飾った　　／　一面の銀世界

　　トラックを1周する　　／　世界一周

　　2桁の足し算　　　　　／　昭和一桁世代

　　赤白青3色の旗　　　　／　三色旗

　　きょう3度目の食事だ

　　　　　／　三度の飯よりスポーツが好きだ

　　三角形の内角の和は180度だ

　　　　　／　経営方針を百八十度変えた

数字の表記に決まりがあるわけではありません。しかし、一般的な文章の中では、単位を分かりやすく表記するよう心がけましょう。主な例を挙げます。

 数字の単位語表記

1．1万以上の数には単位語を付けます。
〈例〉15万7423円　1兆7800億人

2．ちょうど千の位で切れる数値は「千」を使って書くと、間違いが少なくなります。ただし、数字を並べる場合などは、その限りではありません。
〈例〉7万8千円　1億6千万人

3．「1000」は単に「千」としてもいいのですが、「万」「億」など上位の単位語に続く場合は、誤読を避けるため「1千」とします。「3万1千円／2億1千万人」とし、「3万千円／2億千人」とはしません。

 数字表記におけるおもな注意点

1. 数字の幅を表す場合は、単位語や上位の桁を略しません。範囲を示す記号は「〜」を使います。「―」を使うと横書きでは「マイナス」、縦書きでは「1」と紛らわしくなるためです。

〈例〉100万〜130万円　72〜78%
「100万〜130万円」を「100〜130万円」とすると「100円〜130万円」と誤読させる可能性があります。また「72〜78%」を「72〜8%」と表記すると、示す範囲が異なってくるので注意しましょう。

2. 小数は縦組みの場合は中点（中黒）を、横組みの場合はピリオドを使って書きます。
〈例〉円周率は3.1415…

POINT

●読みやすさも考えて、数字の漢数字・洋数字を使い分けよう。

平仮名と漢字の使い分け

　問題です。次の文を漢字仮名交じり文にしてください。

「どうぶつえんでらいおんときりんをみました。さくらがさいてきれいでした」

　次のようになったのではないでしょうか。

「動物園でライオンとキリンを見ました。桜が咲いてきれいでした」

「きれい」を「奇麗」と漢字にする場合はあっても、大体こんな感じに収まると思います。日本語には正書法がないと言われています。しかし義務教育を終えるころになると、漢字とカタカナ、平仮名を自然に書き分ける力が養われています。動植物はカタカナで書く。しかし、「桜」のように簡単な漢字は、

それを使うということを自然に理解しています。

　ところが、「～してくる」「～してみる」などを「～して来る」「～して見る」としていいのかどうか迷う場合があります。この「くる」「みる」は補助動詞と呼ばれるものです。本来の意味がないので、平仮名にする方が自然です。

　「～かもしれない」「～してほしい」「～したとき」「～するころ」などはどうでしょう。「知れない」「欲しい」「時」「頃」と漢字を使う人もいるでしょうが、僕は基本的に平仮名にします。そこに実質的な意味を感じないからです。

　「お菓子」「お守り」などの接頭語「お」や、「面白み」「控えめ」などの接尾語「み」「め」も平仮名にします。「面白味」「控え目」とはしません。「恐ろし気」「学者振る」「黒目勝ち」の接尾語も平仮名にしています。「味」「目」「気」「振る」「勝ち」に本来の意味を見いだせないからです。ただ、「御利益」「御用」などの場合は慣用に従って、漢字を使うこともあります。

接続詞や副詞なども、本来の漢字の意味が薄れているものは平仮名にするようにしています。

「併せて」「及び」「従って」「並びに」などの接続詞は漢字を使います。「あるいは」「かつ」「ところが」などは、平仮名表記にしています。

　音読みの副詞も「いちいち」「いったん」「いっぱい」「だいぶ」「たくさん」など、ほとんどを平仮名にし、「案の定」「一層」「概して」「従来」などは漢字を使います。

　訓読みの副詞も「あえて」「あまりに」「いくぶん」「なかなか」などは平仮名に。「相変わらず」「改めて」「果たして」など漢字に意味があるものは、漢字表記にしています。

　名詞と動詞は基本的に読める範囲で漢字を使い、その他はできるだけ平仮名を使うというのが、僕の使い分けの基準です。

巻 末

まず、書いてみよう

　いざ書こうと思っても、原稿用紙、あるいはパソコンを前にテーマが見つからず、呆然とすることがあります。テーマを与えられても、その何を書けばいいのか茫漠とした思いだけがのしかかって、一向に原稿用紙のマス目は埋まらない。

　そんな経験があるのではないでしょうか。

　そこで、一つ例を出して考えてみましょう。

テーマ：動物園

〈例〉

　朝起きてお弁当を持って、バスで動物園に行きました。

　ライオンが見られてよかったです。

　小学校低学年の作文にありがちな文章です。しかし、大人になって難しい言葉を使ってはいても、これと似たような構造の文を書いている場合がありま

す。

　この例を使って、書いてみましょう。

〈改善例〉

「朝起きてお弁当を持って、バスで動物園に行きました」という書き出しは、ひとまずおきます。動物園に行って、何が面白かったのかを最初に書きましょう。

　この場合、ライオンに興味があったのなら、そこから箇条書き程度の短文で書き始めていきます。

➡ 　ライオンが木陰で寝ていました。
　　　　↓
　　　　↓（どんなふうに寝ていたのかを加えます）
　　　　↓
➡ 　ライオンが木陰で寝ていました。
　　　おなかを上にしていました。

↓
↓　（おなかを見せて寝ている様子を
↓　　もう少し詳しく書きます）
↓

➡️　ライオンが木陰で寝ていました。

すっかり安心しきった様子で、おなかを上にし
ていました。

↓
↓　（どうして安心しきった様子に見えたので
↓　　しょうか）
↓

➡️　ライオンが木陰で寝ていました。

すっかり安心しきった様子で、おなかを上にし
ていました。

周りで子どものライオンが2匹、じゃれていま
す。

↓
↓　（子ライオンとの様子を書き込みます）
↓

➡️　ライオンが木陰で寝ていました。

すっかり安心しきった様子で、おなかを上にし
ていました。

周りで子どものライオンが2匹、じゃれていま

す。

　子どもたちは寝ているライオンのおなかの上に
飛び乗ったり、尻尾にかみついたりしています。

　ときおり、ライオンは気だるそうに薄目を開け
て小さくほえます。

　　↓
　　↓ （その印象を書きます）
　　↓

　ライオンが木陰で寝ていました。

　すっかり安心しきった様子で、おなかを上にし
ていました。

　周りで子どものライオンが2匹、じゃれていま
す。

子どもたちは寝ているライオンのおなかの上に
飛び乗ったり、尻尾にかみついたりしています。

　ときおり、ライオンは気だるそうに薄目を開け
て小さくほえます。

　まるで「いい加減にしなさいよ」と言っている
ようでした。

　　　　↓

　　　　↓（その状況を身近に引きつけてみます）

　　　　↓

　ライオンが木陰で寝ていました。

　すっかり安心しきった様子で、おなかを上にし
ていました。

　周りで子どものライオンが2匹、じゃれていま
す。

　子どもたちは寝ているライオンのおなかの上に
飛び乗ったり、尻尾にかみついたりしています。

　ときおり、ライオンは気だるそうに薄目を開け
て小さくほえます。

　まるで「いい加減にしなさいよ」と言っている
ようでした。

　日曜日につかの間、昼寝をしている母のようで
した。

最初の文を6段階で変化させてみました。こう
いった具合に、短い文でライオンを見た様子を具体
的に書きつづっていきます。

　そうすることで、〈例〉の「ライオンが見られて
よかったです」という感想ではなく「なぜよかった
のか」「どうしてよかったと思ったのか」という具
体例を一つずつ書き添えていくのです。

　ここで重要なのは、6段階目で「母のようでした」
と書いたことです。ライオンの親子と自身の親子関
係を比べて、共通点を見いだしました。「動物園」
というテーマから、ライオンの親子を描くことで「家
族」に引きつけて書くことができます。

　つまり、起承転結の「起」から「承転結」への展
開ができる素地ができたことになります。この後を
続けましょう。さらにライオンの様子を書いていき
ます。

　　ライオンが木陰で寝ていました。

　　すっかり安心しきった様子で、おなかを上にし
ていました。

　　周りで子どものライオンが2匹、じゃれていま
す。

　　子どもたちは寝ているライオンのおなかの上に

飛び乗ったり、尻尾にかみついたりしています。

　ときおり、ライオンは気だるそうに薄目を開けて小さくほえます。

　まるで「いい加減にしなさいよ」と言っているようでした。

　日曜日につかの間、昼寝をしている母のようでした。

　<u>木陰の岩場には、オスのライオンが脚を投げ出して寝ています。</u>

　　↓

　　↓（どんな脚なのでしょうか）

　　↓

　ライオンが木陰で寝ていました。

　すっかり安心しきった様子で、おなかを上にしていました。

　周りで子どものライオンが2匹、じゃれています。

子どもたちは寝ているライオンのおなかの上に
飛び乗ったり、尻尾にかみついたりしています。
　ときおり、ライオンは気だるそうに薄目を開け
て小さくほえます。
　まるで「いい加減にしなさいよ」と言っている
ようでした。
　日曜日につかの間、昼寝をしている母のようで
した。
　木陰の岩場には、オスのライオンが脚を投げ出
して寝ています。
　大地をしっかり踏みしめる大きな肉球は、まる
で父の足の裏のようです。

↓
↓ （父の足の裏にまつわるエピソードを加え
↓ 　ます）
↓

　ライオンが木陰で寝ていました。

　すっかり安心しきった様子で、おなかを上にしていました。

　周りで子どものライオンが2匹、じゃれています。

　子どもたちは寝ているライオンのおなかの上に飛び乗ったり、尻尾にかみついたりしています。

　ときおり、ライオンは気だるそうに薄目を開けて小さくほえます。

　まるで「いい加減にしなさいよ」と言っているようでした。

　日曜日につかの間、昼寝をしている母のようでした。

　木陰の岩場には、オスのライオンが脚を投げ出して寝ています。

　大地をしっかり踏みしめる大きな肉球は、まるで父の足の裏のようです。

　僕が幼い頃、父は時々「足の裏をマッサージして」と、言いました。

僕は父の足の裏に乗ります。

　そして、大きくて硬くて力強い土踏まずの辺り

を、一生懸命踏みます。

　父は「いい気持ちだ」と目を細めました。

　このように動物園で見たことと、自分の身の回り

で起きたことを重ねるように書いていくのも一つの

方法です。この後どう展開していくのかは、皆さん

の創造の世界に委ねたいと思います。

「起承転結」を頭に入れて文章を書こうと言われます。しかし、何が「起」で、「承」で、「転」で、「結」なのかは、なかなか難しい問題です。

　また、入学試験、入社試験の論文などを書く時に、時間内に起承転結をどう割り振って書けばいいのか分からない、ということもあるのではないでしょうか。そこで、400字詰め原稿用紙を3枚使って、800字で原稿を書く練習をしましょう。

　400字詰めの原稿用紙は、20字×20行でできています。原稿用紙1枚を20字×10行の2ブロックに分けます。折り曲げると左右半分になります。「起承転結」を分量の目安としていくのです。

【原稿用紙1枚目】
〈右半分で表紙を作る〉
　3行目に「題」を書きましょう。副題がある場合は、その次の行に。

2行ほど空けて、行の下の方に、自分の名前を書きます。

　題と名前が書いてある1枚目の右半分を外側にして折ると、表紙になります。

〈左半分を目安に「起」を書く〉

　本文の書き出しは11行目からです。書き出し「起」の部分です。

　10行を分量の目安とします。原稿用紙1枚目までに収めます。「起」を2枚目に食い込ませないようにしましょう。

　書き出しに、

「春というと桜を思い出す」
「卒業式について書くことにする」
「文章を書くのはあまり得意ではないのだが、
……」

など、前置きを書かないようにしましょう（※
50、142ページ参照）。

「起」の部分は、書きたい内容、書くべきテーマの
エッセンスを書きます。「前置き」や「宣言」「言い訳」
は必要ありません。

「春というと桜を思い出す」という「前置き」はい
りません。春の桜で一番気になるところや面白いと
思ったことを、まず書きましょう。

「卒業式について書くことにする」という「宣言」
も不要です。卒業式について書きたいなら、その中
身から書き始めましょう。

また、「文章を書くのはあまり得意ではないのだが」
という「言い訳」を書いても、読み手は「気の毒だ
なあ」などと同情してくれません。書く以上は、堂々
と書き進めましょう。

【原稿用紙2枚目】
〈右半分を目安に「承」を書く〉

「起」の部分で書いたエッセンスを自分に引きつけ
たり、関連する別のエピソードを展開したりして、
話を膨らませます。

これが「承」です。これも10行を目安に。もち
ろん、10行ぴったりに収める必要はありません。

「起」の部分をコンパクトにまとめて、「承」や次の「転」に行数を充てることもできます。5行くらい多くても問題はありません。あくまでも原稿用紙2枚目の右半分を目安に、ということです。

「まず、書いてみよう」の項で、ライオンと子ライオンの描写の後、オスライオンの肉球と父の足の裏にまつわるエピソードを書いています。これが「承」です。

テーマについて「起」とは違う角度から書いたり、「起」をさらに大きく展開したり。そこが書き手として一番面白いところです。自由にたっぷり書いて下さい。

ただし、「うれしい」「楽しい」「よかった」といった言葉で感想を書かないようにしましょう。感想を短い言葉で書くのではなく、その内容を書きます。「なぜ、うれしいのか」「どうして、楽しいのか」「何が、よかったのか」。そこを具体的に、丁寧に書き込みます。

〈左半分を目安に「転」を書く〉

「転」は「展」とも言います。分量の目安は10〜15行です。これも、あくまで目安です。原稿用紙3枚目に食い込んでも問題ありません。

「起」で話のエッセンスを提示し、「承」で膨らませました。

「転」はその二つをつないで、「起」と「承」の共通する項目を束ねてイメージを一つにしていきます。「まず、書いてみよう」の項で、動物園をテーマに、ライオンの親子を描くことで「家族」という共通項を導き出しました。

ここから、「家族」についての思いを書いていくことができます。これが「転」です。ここは結論の手前です。書き出しのエッセンス部分の最終的な肉付けだと思って下さい。ここも具体的に丁寧に説明していきます。

【原稿用紙3枚目】

〈右半分で「結」を書く〉

「結」は文字どおり結論部分です。5〜10行以内にまとめます。「承」「転」で行数が長くなれば「結」の部分で調整します。原稿用紙3枚目に入ったら、

着地のページに来たことを意識して下さい。

　着地部分は映画のラストシーンをイメージして書いていきましょう。ここまで書いてきたことを、読み手がイメージとして頭に残るようにします。

　結論だからといって「哲学的」「教訓的」である必要はありません。そういう結論だと、むしろ読者は鼻白んでしまいます。

　また、最後の1行に気をつけましょう。

「ひまわりさん、ありがとう」
「これからも、よろしくね」

　などのような感想を書きがちです。しかし心を動かされた内容を具体的に表現するために、ここまでの700字ほどを使ってきたのです。最後に感想を書くよりも、「承」や「転」の部分を、もっと詳しく書き込むべきです。

　気持ちを風景に委ねる方法もあります。

「ひまわりさん、ありがとう」
は
「見渡す限りのひまわりが、風に揺れていた」

などとするのも一手です。

　これで800字です。
　20字×10行のブロックごとに「起承転結」を押
さえていくと、書き進める目安が分かります。そう
すれば書くことがそれほど苦にはならないと思いま
す。
　これが1200字なら、起承転結のブロック行数を
少しずつ増やしていけばいいのです。
　まずは、800字で起承転結の展開を考えながら、
書いていきましょう。

　文章を書くことは、料理を作ることに似ている。食材を集めて（取材）、下ごしらえをし（構成）、味付けし（執筆）、盛りつけをする（推敲）。

　最初は、材料をどこでそろえればいいのかが分からなかったり、味付けが上手くいかなかったりで、なかなか思うような仕上がりにならない。しかし、材料をどう組み合わせ、どう仕上げるかは、ちょっとしたコツをつかめるかどうかなのだ。そこさえ分かれば、次を目指すことができる。完成形は常にその先にあるのだ。

　校閲という原稿を読む立場から「分かりやすい文章」について何か書けないかと、すばる舎の松尾信吾さんから話があった。僕自身も新聞に連載を執筆しているので、分かりやすい文を書くことについて漠然とした思いはあった。それをまとめたのが、本書だ。改めて文を書くことの奥深さと面白さを実感できた半年だった。この機会を与えてくださった松尾さんに、この場を借りてお礼申し上げます。江口修平さんが描いて下さった可愛いイラストは、本書に爽やかな彩りを添えてくれました。ありがとうございました。

　執筆にあたり、朝日新聞校閲センターの上田明香さんと青山絵美さんから、適切なアドバイスをもらいました。また、

本書で使った例文の一部は、朝日カルチャーセンター立川で、僕の講座を受講している皆さんの協力によるものです。併せてお礼申し上げます。

2013年春　朝日新聞編成局校閲センター長　前田安正

　本書は2013年5月にすばる舎から出版した『きっちり！恥ずかしくない！文章が書ける』に、加筆・修正をしたものだ。原著はお陰さまで版を重ねた。電子書籍でもコンスタントに読まれている。しかし出版から7年ほど経って、さすがに書店に並ぶことはなくなった。

　ここ数年、自治体や企業の広報研修を始め、カルチャーセンターなどの参加者から「どこで書籍を入手できるのか」という問い合わせをいただくことが多くなっていた。文章を書くことが苦手だと思っている方々が、手軽に読める本であってほしい、と思っていたところでもあった。そんなときに、朝日新聞出版から文庫本の話が来たのだ。こんなに幸せな本もないだろう。

　改めて読み返すと、説明がじゅうぶんでないところや、新たに書き加えたい部分もあった。加筆をして内容を精査し、よりわかりやすい内容にしたつもりだ。今回は朝日新聞メディアプロダクション校閲事業部に校閲をお願いした。

　さらにブラッシュアップした本書が、少しでも皆様の役に立つようであれば、これに勝る喜びはない。

2020年春　未來交創代表取締役　前田安正

参考資料

『助詞・助動詞の辞典』（森田良行著、東京堂出版）

『よくわかる　文章表現の技術Ⅰ〜Ⅴ』（石黒圭著、明治書院）

『象は鼻が長い－日本文法入門』（三上章著、くろしお出版）

『日本語の構文』（三上章著、くろしお出版）

『日本語と日本思想』（浅利誠著、藤原書店）

『日本語に主語はいらない』（金谷武洋著、講談社選書メチエ）

『日本語の深層』（熊倉千之著、筑摩選書）

『「超」文章法』（野口悠紀雄著、中公新書）

『日本語のレトリック』（瀬戸賢一著、岩波ジュニア新書）

『文章は接続詞で決まる』（石黒圭著、光文社新書）

『大辞林　第四版』（松村明編、三省堂）

『新明解国語辞典　第七版』（山田忠雄ほか編、三省堂）

『日本国語大辞典　第二版』（小学館）

『広辞苑　第七版』（新村出編、岩波書店）

『三省堂国語辞典　第七版』（見坊豪紀ほか編、三省堂）

「言葉の仕組み」と「助詞の使い方」がわかれば

きっちり!恥ずかしくない!文章が書ける　　　朝日文庫

2020年5月30日　第1刷発行

著　者　　前田安正

発行者　　三宮博信
発行所　　朝日新聞出版
　　　　　〒104-8011　東京都中央区築地5-3-2
　　　　　電話　03-5541-8832（編集）
　　　　　　　　03-5540-7793（販売）
印刷製本　大日本印刷株式会社

© 2013 Yasumasa Maeda
Published in Japan by Asahi Shimbun Publications Inc.
　　　　　　　　　　　定価はカバーに表示してあります

ISBN978-4-02-262009-5
落丁・乱丁の場合は弊社業務部（電話 03-5540-7800）へご連絡ください。
送料弊社負担にてお取り替えいたします。

■■■ 朝日文庫 ■■■

朝日文庫

川上 徹也
自分の言葉で語る技術

自分の言葉で語るためのコツをコピーライターが伝授。考えを言語化できない、ありきたりな表現……。そんな悩みを解決。《解説・新井見枝香》

外岡 秀俊
おとなの作文教室
「伝わる文章」が書ける66のコツ

相手にスッと伝わり、読み手に負担をかけない文章術の極意とは。徹底添削から、自分の文章の弱点が見えてくる。文章で損しないための一冊。

本郷 陽二
できる大人の敬語の使い方

名刺交換、電話対応、トラブル対応、ビジネスメールの書き方、冠婚葬祭など。社会人として知らないと恥ずかしい敬語一〇〇を丁寧に解説。

夏井 いつき
子規365日

一日一句全て違う季語で味わう子規の三六五句。同郷の俳人である著者が実作者の目で選んだ句に比類なき精神の明るさが甦る！《解説・長嶋 有》

水野 学
アイデアの接着剤

ヒットとは、意外なもの同士を"くっつける"ことから生まれる！ 「くまモン」アートディレクターの仕事術を完全公開。《解説・長嶋 有》

水野 学
アウトプットのスイッチ

「くまモン」生みの親が「売れる」秘訣を公開。ヒットの決め手は最終表現（アウトプット）の質にある。今すぐ役立つクリエイティブ思考と仕事術。

朝日文庫

朝日文庫

ナンシー関著／武田 砂鉄編
ナンシー関の耳大全77
ザ・ベスト・オブ「小耳にはさもう」1993-2002

テレビの中に漂う違和感に答え続けてくれるナンシー関のコラムから厳選したベスト・オブ・ベスト。賞味期限なしの面白さ!《解説・武田砂鉄》

小飼 弾
本を遊ぶ
働くほど負ける時代の読書術

働くより遊ぶことがこれからを生き抜く鍵になる! 年間五〇〇冊を読破する伝説の書評ブロガーが、変化を乗りこなすための読書法を伝授。

橋本 治
負けない力

あえて今、役に立たないと言われている「知性」の意味を考えるのだ。手っ取り早く役に立つ情報だけを求めて負けてしまう人のための勇気の書。

稲垣 えみ子
アフロ記者

どうしたら人とつながる記事が書けるか。弱さもさらけ出し、新聞記者として書いてきたこと、退職したからこそ書けたことを綴る。《解説・池上彰》

小島 和宏
ももクロ導夢録
ももいろクローバーZ 公式記者インサイド・レポート 2017→2018

グループ史上最大の激震が走った二〇一八年一月一五日。そして四人で臨んだ一〇周年記念ライブの舞台裏で記者が目撃したものとは——。

千田 琢哉
人生は「童話」に学べ

文筆家・千田琢哉が、桃太郎、シンデレラなど誰もが知る童話から成功者になるための「本質」を切り取る。挿画:スカイエマ。